世界五千年
科技故事丛书

盧嘉錫題

世界五千年科技故事丛书

血液循环的发现者

哈维的故事

丛书主编　管成学　赵骥民

编著　孙　茹

吉林出版集团　吉林科学技术出版社

图书在版编目（CIP）数据

血液循环的发现者：哈维的故事 ／ 管成学，赵骥民主编.
-- 长春：吉林科学技术出版社，2012.10（2022.1 重印）
ISBN 978-7-5384-6099-5

Ⅰ.① 血… Ⅱ.① 管… ② 赵… Ⅲ.① 哈维，W.（1578～1657）
—生平事迹—通俗读物 Ⅳ.① K835.616.2-49

中国版本图书馆CIP数据核字（2012）第156309号

血液循环的发现者：哈维的故事

主　　编	管成学　赵骥民
出 版 人	宛　霞
选题策划	张瑛琳
责任编辑	万田继
封面设计	新华智品
制　　版	长春美印图文设计有限公司
开　　本	640mm×960mm　1／16
字　　数	100千字
印　　张	7.5
版　　次	2012年10月第1版
印　　次	2022年1月第5次印刷

出　　版	吉林出版集团
	吉林科学技术出版社
发　　行	吉林科学技术出版社
地　　址	长春市净月区福祉大路 5788 号
邮　　编	130118
发行部电话／传真	0431-81629529　81629530　81629531
	81629532　81629533　81629534
储运部电话	0431-86059116
编辑部电话	0431-81629518
网　　址	www.jlstp.net
印　　刷	北京一鑫印务有限责任公司

书　　号	ISBN 978-7-5384-6099-5
定　　价	33.00元

序 言

十一届全国人大副委员长、中国科学院前院长、两院院士

路甬祥

放眼21世纪，科学技术将以无法想象的速度迅猛发展，知识经济将全面崛起，国际竞争与合作将出现前所未有的激烈和广泛局面。在严峻的挑战面前，中华民族靠什么屹立于世界民族之林？靠人才，靠德、智、体、能、美全面发展的一代新人。今天的中小学生届时将要肩负起民族强盛的历史使命。为此，我们的知识界、出版界都应责无旁贷地多为他们提供丰富的精神养料。现在，一套大型的向广大青少年传播世界科学技术史知识的科普读物《世

界五千年科技故事丛书》出版面世了。

　　由中国科学院自然科学研究所、清华大学科技史暨古文献研究所、中国中医研究院医史文献研究所和温州师范学院、吉林省科普作家协会的同志们共同撰写的这套丛书，以世界五千年科学技术史为经，以各时代杰出的科技精英的科技创新活动作纬，勾画了世界科技发展的生动图景。作者着力于科学性与可读性相结合，思想性与趣味性相结合，历史性与时代性相结合，通过故事来讲述科学发现的真实历史条件和科学工作的艰苦性。本书中介绍了科学家们独立思考、敢于怀疑、勇于创新、百折不挠、求真务实的科学精神和他们在工作生活中宝贵的协作、友爱、宽容的人文精神。使青少年读者从科学家的故事中感受科学大师们的智慧、科学的思维方法和实验方法，受到有益的思想启迪。从有关人类重大科技活动的故事中，引起对人类社会发展重大问题的密切关注，全面地理解科学，树立正确的科学观，在知识经济时代理智地对待科学、对待社会、对待人生。阅读这套丛书是对课本的很好补充，是进行素质教育的理想读物。

　　读史使人明智。在历史的长河中，中华民族曾经创造了灿烂的科技文明，明代以前我国的科技一直处于世界领先地位，涌现出张衡、张仲景、祖冲之、僧一行、沈括、郭守敬、李时珍、徐光启、宋应星这样一批具有世界影响的科学家，而在近现代，中国具有世界级影响的科学家并不多，与我们这个有着13亿人口的泱泱大国并不相称，与世界先进科技水平相比较，在总体上我国的科技水平还存在着较大差距。当今世界各国都把科学技术视为推动社会发展的巨大动力，把培养科技创新人才当做提高创新能力的战略方针。我国也不失时机地确立了科技兴国战略，确立了全面实施素质教育，提高全民素质，培养适应21世纪需要的创新人才的战略决策。党的十六大又提出要形成全民学习、终身学习的学习型社会，形成比较完善的科技和文化创新体系。要全面建设小康社会，加快推进社会主义现代化建设，我们需要一代具有创新精神的人才，需要更多更伟大的科学家和工程技术人才。我真诚地希望这套丛书能激发青少年爱祖国、爱科学的热情，树立起献身科技事业的信念，努力拼搏，勇攀高峰，争当新世纪的优秀科技创新人才。

目　录

目　录

引　子

　　1600年5月的一天，在意大利帕多瓦大学能容纳300人的圆形解剖大厅里，五层阶梯式的看台上站满该校的学生。他们正在全神贯注地观看由著名解剖学教授法布里修斯在大厅底层中央的解剖台上做的人体解剖实验。学生们屏住呼吸，仔细地注视着法布里修斯教授解剖刀下露出的人体各器官的构造，不放过他解剖的每一个细节，对教授的熟练操作惊叹不已。

　　紧靠在解剖台旁，在老师的旁边有8个手擎着蜡烛灯的大学生，其中有一个学生身材瘦小，一头黑发，有

着一双乌黑发亮、能洞察一切的眼睛，他，就是后来
揭开人体血液循环之谜的英国生理学家、著名医生威
廉·哈维。当时，他刚满23岁。

对动物心脏感兴趣的孩子

在英吉利海峡的北岸，有一个小小的海港城镇——福克斯通，与多维尔港毗邻，离伦敦约280千米，这里连绵起伏的石灰岩山崖一直延伸到海底。站在山崖上向下俯瞰，港口尽收眼底。远处天水相连，宛如悬挂着的白色闪光的天幕。

1578年4月1日，风和日丽，万里无云，牧场主汤姆斯正紧张地同牧民们一起忙碌着，突然，只见一个六七岁的小女孩气喘吁吁地向汤姆斯跑来，边跑边喊："爸爸，快回家吧，妈妈生小弟弟了！"汤姆斯听到喊声，扔下了手中的活儿，迎着女儿快步地赶了过去，他拉着女儿的手急切地问道："你妈妈生小弟弟了？"

"是的。"

"那好，我们现在就回家！"汤姆斯抱起女儿快步如飞地赶到家里。推开房门，一眼就看见躺在床上的婴儿，他放下女儿，急切地来到床边，抱起了啼哭的儿子，"啊，我有儿子了，我有儿子了！"汤姆斯一边兴奋地喊着，一边抱着孩子在床边来回地走着。说来也怪，刚才还在啼哭的婴儿，此刻在爸爸怀里竟停止了哭泣，两只又黑又亮的眼睛直愣愣地看着爸爸，好像在用眼睛同爸爸说话。这个用眼睛说话的婴儿就是哈维。

小哈维的出生给汤姆斯一家带来了幸福，在他们居住的小石屋里，天天充满着欢声笑语。汤姆斯的妻子琼尼是一位勤劳贤惠的家庭主妇，每天天不亮就起来，除了帮着丈夫在牧场干活，还要做饭、洗衣服，整天忙个不停。在哈维之后，又有5个男孩相继出生。

由于哈维的父亲勤劳朴实，聪明能干，母亲勤俭持家，哈维一家生活得很好，是远近闻名的富裕户。尽管如此，哈维的妈妈还是教育哈维及弟弟们一定要爱惜衣物，从小养成勤俭节约的好习惯。然而每当周围的邻居遇到困难，母亲总要拿出家中的钱物慷慨相助，因而深受邻里喜欢。父亲汤姆斯也是一个热心肠的人，当他发现镇上的人邮发信件很困难，他便主动地站出来为全镇人办公益事业。他在经营农场的同时，把自己家的住房改为邮政事务所，包揽福克斯通和坎特伯雷两个港口城市的邮件传递业务。由于汤姆斯积极参与社会活动和公益事业，1586年被选为福克斯通市市长。

哈维的幼年正处在西欧资本主义萌芽时期，封建社会开始解体。在这个历史时期，从社会生产方式到人们的宗教信仰、伦理道德、思想感情和社会风尚都在发生深刻的变化，是历史上称作欧洲"文艺复兴"时期。这个时期标志着从中世纪神权社会进入近代文明的伟大转折。随着资本主义工商业的发展，文化艺术、自然科学呈现一派生机。当时，欧洲文艺复兴运动正值高潮，而没落的封建势力为了要维护中世纪的反动统治秩序，拼命地进行挣扎。新兴资产阶级为了争取独立登上政治舞台，提出"打倒神权，争取人权"的革命口号，这大大激发了人们自由探索的精神。社会的变革，生产的发展，科学文化的振兴，都在影响着哈维的幼小心灵。

童年时代的哈维天资聪慧，笃志好学，6岁时就开始在离家不远的约翰逊小学读书。他对周围的事物充满了好奇心，经常爱问个为什么，尤其对小动物感兴趣。

"爸爸，为什么蛇没有脚也能走路？""为什么鱼一离开水很快就会死掉？""为什么青蛙既能在水中生活，又能在陆地上生活？"一连串的问题，有时真使爸爸为难，但爸爸心中很高兴，他非常喜欢这个好学的儿子，从小精心培养他，让他接受最好的教育，指望他能成为一个有学问的人。因此，哈维也是他们兄弟中唯一选择科学道路的人，其他几个弟弟都是商人。

哈维在学校学习很认真，几门功课成绩都很好，尤其是国语——英语学得极好，并博得了老师和同学们的称赞。放学后，哈维经常跟着爸爸到牧场、到海边玩耍。每当这时，哈维总是兴奋不已，一会儿用小手拍打着雪白肥胖的绵羊，一会儿拾起岸边的卵石向海中投去。在大自然的怀抱中，小哈维像插上了翅膀尽情地翱翔……

有一次，爸爸带着哈维到屠宰场看望一个朋友。在爸爸同朋友交谈时，小哈维被屠宰场中宰杀牛羊的场面吸引过去了，看到在一把把闪闪发光的长刀下，一头头牛、羊倒下了，立刻鲜红的血液喷射了出来。开始，他有些害怕，但这种感觉很快就消失了，爱动脑筋的小哈维立即想到了一连串问题：

"牛体内的血液有多少？"

"血液有什么用？"

"牛的心脏是什么样的？"

在同爸爸回家的路上，一向爱说爱笑的哈维一直沉默不语，爸爸以为可能是屠宰场的场面把孩子吓着了，后悔不该带孩子来。就在爸爸内心谴责自己的时候，小哈维心中一个"宏伟的规划"形成了。

第二天晚上，他同邻居家的一个小男孩一起偷偷来到屠宰场，搞到了几个牛的心脏，放在了事先准备好的口袋里。回到了家里，他关上门，点上灯，仔细地用小刀解剖着牛的心脏，认真地琢磨……

一连几天都是这样。当时谁又能想到，这几个心脏对日后哈维血液循环理论的创立会起到什么样的作用！

与拉丁语交朋友

1588年秋天，对汤姆斯一家来说是个难忘的季节。因为10岁的小哈维考入了当时远近闻名的坎特伯雷国王学校。

这是一所教会学校，位于坎特伯雷教堂附近，在几世纪前曾是英国的教育中心。

"哈维考上坎特伯雷国王学校了！""汤姆斯真有福气！"人们赞赏着。

消息很快传遍了整个牧场，附近的人纷纷前来祝贺。一连几天，汤姆斯家都沉浸在欢乐的气氛中。

开学那天，爸爸为小哈维准备了一匹白马，妈妈为他缝制了新书包。小哈维在乡亲们的目送下骑着马上学去了。

这所学校分为6个年级。从四年级开始，教拉丁文、文法、诗歌、算术、天文等学科。学校的管理严格，老师的教学认真，使校长安东尼由于管理成功受到了政府嘉奖。

学校有这样的规定，在学校必须用拉丁语说话；学校里除了拉丁语和希腊语外，不能使用其他语言。那时正是"文艺复兴"的鼎盛时期，拉丁语是西欧的流行语言，当时的许多书刊都是用拉丁语写的，如果不会拉丁语是看不懂的。因为学校对拉丁语的教学工作极为重视，所以经常进行考试和竞赛。教师辛勤教学和校长的严格管理以及良好的校风对哈维的影响很深。

在这样的教学环境中，小哈维勤奋学习，苦读拉丁语并认真学习各门功课。

然而，对于哈维来说，来到坎特伯雷国王学校遇到的最大困难就是学习拉丁语。它是那么陌生、难记。值得庆幸的是他在约翰逊小学上学时英语基础极好，这对他学好拉丁语起到了很好的作用。

当时，学校的主要课程是拉丁语，每天上午安排的全是拉丁语，下午还有文法、诗歌、数学等课程。这样紧张的学习，对于一般的孩子来说很难适应，有的孩子采取蒙混过关的态度。可对从小就显露出文学天资的哈维来说却是如鱼得水，他没有忘记父母对他的期望。在姐弟7人中，爸爸最喜欢他，指望他长大成才。

哈维的拉丁语老师罗伯特是一个很有学问的人，精通古希腊语和拉丁语，曾出色地翻译过许多古罗马和古希腊的作品，得到了学术界的好评。罗伯特先生将毕生的精力都倾注在浩如烟海的古书里，由于他的知识渊博，语言表达能力极强，讲起课来总是绘声绘色，生动形象，所以哈维每次听他的课都觉得是一种艺术上的享受。上课前，他总是第一个来到教室，总是坐在第一排，因为第一排离老师最近，听得清楚。他那一双炯炯有神的大眼睛一眨不眨地盯住老师，仔细地听老师讲课，看老师的口形练习发音。下课后，他又总是最后一个离开教室，追着老师问个不停。在回家的路上，他骑在马背上，嘴里还背诵着课堂上学的拉丁语单词。

有一次，在骑马回家的路上，当行至一个土坡时，由于哈维的精力完全集中在拉丁语上，竟没能拉紧缰绳，从马背上滚落坡下……亏得一位好心的过路人将他扶起，把他送回家中。父母看到哈维摔得满脸是伤，不禁心疼得流下了眼泪……

吃过晚饭，妈妈扶着哈维回到他的房间，嘱咐他好好休息几天，等伤好了再去上学，哈维点头答应了。

可第二天早晨，天刚蒙蒙亮，哈维就硬撑着身体悄悄地来到姐姐的房间，叫醒了熟睡的姐姐，请姐姐为他准备点吃的，他要上学。姐姐开始没有答应，她不忍心看着受伤的弟弟去上学，可后来还是拗不过倔强的弟弟，背着父母，为哈维做早饭，送他上学。

哈维就是靠着这种顽强的毅力及刻苦的学习精神，使他的拉丁语学习进步很快，考试成绩名列前茅，在班级里崭露头角。在第一次学校组织的拉丁语竞赛中，他获得了第三名的好成绩，为此而获得奖学金。在别人看来，这样的成绩确实应该满足了，而哈维却认为这并不理想，他更加发愤地学习，要争取夺得第一名。

当时，学校里尽管规定了学生在学校里必须讲拉丁语，但有些学生当着老师、校长的面讲拉丁语，当老师不在时就讲英语。可哈维却不是这样，他把拉丁语当成自己的亲密朋友，而亲密朋友就要朝夕相伴，以诚相待。因此，无论什么时候，他都自觉地使用拉丁语讲话。为这，他常常遭到同学们的讥笑。

为了能有更多的机会练习拉丁语，小哈维教会了姐姐、弟弟一些简单的日常用语，这样他多了一个学习拉丁语对话的语言环境。另外，在哈维房间的墙上、门上、床头上到处都贴着拉丁语单词，小哈维简直成了拉丁语迷了。

在家里吃饭时，哈维总喜欢用拉丁语说出各种饭菜的名称。受他的影响，爸爸、妈妈也能说上几句并不标准的英国式的"拉丁语"了。由于全力以赴，心无旁骛，很快哈维就能够应付自如地用拉丁语写短文、诗歌……在以后几次学校举行的拉丁语竞赛中，哈维都以第一名的成绩名列榜首。学校也为此对他进行了嘉奖。

良好的拉丁语言功底，为他进一步深造和进行科学研究工作打下了基础。在哈维的医学生涯中，如果没有这熟练的拉丁语顺利地查阅各种医学资料，就难以发表医学论文；如果没有这良好的拉丁语基础，他的血液循环理论也不可能那么快地传遍欧美各地。

弃文从医

在剑桥大学岗维尔——开伊斯学院的入学注册簿中，至今还保留着这样的记录："威廉·哈维是汤姆斯之子，肯特州，福克斯通镇的自由民，在坎特伯雷国王学校念完中学，16岁以自费生进入本校学习，1593年5月31日。"

能进大学深造是哈维梦寐以求的心愿，1593年哈维这个愿望实现了，他以优异的成绩考入英国著名的剑桥大学。

剑桥大学在英国具有相当悠久的历史，建于13世纪前后，设有14个在经济和管理上各自独立的学院和三个较小的学院。剑桥大学是由社会上的贵族富商以及著名人士筹款建立起来的，所以学费相当昂贵。学校的建筑大都是教堂式的雄伟，但显得阴森，窗户高而狭小，由各色玻璃镶嵌而成，厚实的橡木门上有着捐助人的浮雕像，到处可见高耸的尖塔和哥特式的纪念碑。每到早祷、晚祷时刻，整个剑桥回荡着沉闷的钟声，这一切使剑桥大学像一座中世纪阴森森的城堡。

然而，剑桥的风景却是秀美的。横贯剑桥的一湾绿水上有几座结构不同、风格别致的小桥，长长的平底船在波平如镜的河面上慢慢划行，四周绿树成林，芳草如茵，空气清新，环境宁静，真是读书的好地方。

大学里的图书馆是剑桥的骄傲，收集了大量的古书和孤本书籍及一些名作家的珍贵手稿；大学里博物馆、实验室、俱乐部、书店等应有尽有，为学生提供了方便有利的学习条件。

进入剑桥大学，哈维就像进入科学文化知识的宝库，如饥似渴地汲取自己所需的知识。他在这所学校里，主要攻读文学、哲学和自然科学。

在伊丽莎白年代，学校常常遇到财政困难，大学的生活非常艰苦。剑桥大学也是这样。学生们通常住在狭小、阴暗、潮湿、寒冷的宿舍里，未经粉刷的墙上布满着潮气凝成的水滴，墙上虽有窗户，但并不是透光的玻璃，只有一支点燃的蜡烛，给宿舍带来了少许微光。学生一般在凌晨约四点起床，匆匆地穿过街巷到冷森森的小教堂做礼拜，然后赶到黑洞洞的教室，站着或在铺着稻草的地上坐着听课。授课的时间几乎要持续一整天。上午10点至11点是早餐时间，通常他们也只能吃上几片面包和一碗清汤；晚餐在下午5点，一般来说只能吃上几片面包充饥。就寝前还要做跑步等热身运动。晚上九点以后才能休息。这种"苦学"生活，比佛教中面壁坐禅的苦行僧和我国古代传说中那些悬梁刺股、映雪夜读的苦学者们的生活，大概轻松不了多少。然而哈维没有抱怨，他认为这是成就伟业的锻炼机会。他学习十分刻苦，入学后不久便获得马太·帕克奖学金，3年后获文学学士学位。但由于学习过于紧张，他终于积劳成疾，被迫辍学返乡治病。

　　当时的医疗水平相当落后，母亲为他请来了一个当地的庸医，只会用"放血疗法"进行"治疗"。

"放血疗法"是一种相当古老又传之久远的医疗方法。早在公元前400年以前，该方法已在古希腊的医疗实践中占有极重要的地位，而且不仅限于古希腊，在许多国家和民族也曾广泛流传，世界上不少地区和民族当时仍在应用它。

"放血疗法"的原理根据是古代医学家普遍信奉的"液体病理学说"。此学说认为：人体内含有多种不同的液体，某种体液过多或不足都会引起疾病。放血的目的就是排除"过剩"的体液，以治疗相应的疾病。因此，包括"医学之父"希波克拉底在内的许多古希腊医生都施行这种疗法。到了中世纪，"放血疗法"仍在盛行。

由于"放血疗法"方法不科学，所以，哈维的病久治不愈。实际上，哈维是由于劳累过度、营养不良而得病，可能是肺结核。治疗肺结核在现代社会来说是很容易的事，但在16世纪末、17世纪初，医学笼罩在神秘的魔法和巫术的面纱中，根本谈不上科学治病。由于庸医的无知，使得哈维的病期拖得很长，难以康复。饱受病痛折磨的哈维暗下决心，立志弃文从医，决心在医学方面做一番事业，造福于民。

哈维在家养病期间，得到了母亲尽心尽力的照顾。母亲每天想尽一切办法为他增加营养，除此之外，还陪他到海边散步。哈维家住在海边，大海以宽阔的胸怀接纳了他，大海中丰富多彩的动植物，给他提供了很好的物质食粮，那活蹦乱跳的鱼虾，母亲做成味道鲜美的菜肴。轻拂的海风、充足的日光浴驱走了缠绕在哈维身上的病魔。经过近3年的疗养，哈维的身体完全康复。而母亲却因劳累过度，染病在身。此时此刻的哈维心中有说不出的感激，他从心底里感激这位无私奉献的母亲，是母亲，在这1000多个日日夜夜里的精心呵护，才使他得以康复，是母亲给了他第二次生命。在母亲生病时，哈维决定留下来照顾母亲。但对哈维寄托着无限期望的母亲，怎能忍心让才华横溢的儿子为她耽误大好时光，儿子已经因病误了3年的时间。这3年来，妈妈每天为他祈祷，希望他早日恢复健康，早日去学校学习他愿意学的医学课程。3年来，哈维也是度日如年，坐卧不安，无法抑制探求医学奥秘的强烈愿望。这一切妈妈都看在眼里。为此，妈妈说服哈维，让哈维尽快去学习深造。
面对着母亲憔悴的面容和期待的目光，哈维含着眼泪辞
别了患病的妈妈，奔赴当时饮誉全欧洲的帕多瓦大学学
医。

黑夜中的一盏明灯

　　帕多瓦是位于意大利北部的一座美丽的城市，是西欧文艺复兴的发源地。它的东北面30千米处就是美丽的水城威尼斯，也是文艺复兴运动开展的中心城市之一。帕多瓦被一条小河分为两个部分，城墙里至今还保留着古罗马竞技场的遗迹。城市中心有一座古老的大学——帕多瓦大学。这是欧洲一所有几百年历史的著名的高等学府。这里还有一个古老的植物园，建于1546年，现在还能看到哈维那个年代栽培的植物，其中有一棵种植于1580年的棕榈树。

哈维来到了帕多瓦，那里宏伟壮丽的建筑艺术，巧夺天工的雕塑和光辉灿烂的传统文化深深地感染着他。更重要的是，由于文艺复兴运动激发起来的探索精神，使哈维感觉仿佛进入另一个世界。学校允许学生们提出非正统见解，自由辩论。在管理上同剑桥大学有显著的区别。剑桥大学是以校长为中心管理学校，是长官意志的大学；而帕多瓦大学则是学生自己管理学校，由不同国籍的学生选出学生会主席，组成评委会来管理。学生有权选择教师。学校对学生的宗教信仰不予干涉，学生思想比较活跃。

在神学统治下的中世纪的欧洲，教会极力宣扬"上帝厌恶流血"，反对人体解剖，因此，当时几乎欧洲的所有高等学府，都严禁人体解剖实验，甚至连著名的牛津大学和巴黎大学都不敢违抗教会的意志。唯独帕多瓦大学除外，它以重视人体解剖实验而驰名欧洲。人们把它视为黑夜中的一盏明灯，曾吸引了欧洲许多有志青年前来求学，也造就了一批敢于冲破宗教束缚，大胆创新的科学家。

揭开宇宙之谜，奠定近代天文学基础的哥白尼曾于

16世纪初在帕多瓦大学度过了3年的医学生涯，3年期间学到系统的医学知识，使他一度成为一名受人欢迎的、医术高明的医生。虽然他在医学领域的知识没有超越时代的局限，也就是说作为医生的哥白尼远不及作为天文学家的哥白尼。但帕多瓦大学活跃的学习气氛，清新的自由的学术空气，对哥白尼"日心地动"学说的建立奠定了一定的基础。

实验物理学的奠基人伽利略，在1592—1610年曾受聘于帕多瓦大学教数学。18年的教学生涯中，浓厚的自由讨论气氛同样感染着他，激发着他的潜能如火山般喷发出来。这一时期是他从事科学研究取得丰硕成果的黄金时期，他在这里研究了大量的物理学问题，尤其是力学问题，诸如斜面运动，力的合成，抛体运动等。此外，对液体热学也进行了研究。他还发明了温度计，这期间他最突出的成就就是制成了世界上第一台望远镜。望远镜的出现，拓展了空间视野领域，为人们打开了近代天文学的大门。伽利略是第一个用自制望远镜观察天空中日、月、星辰，揭开了天体中许多秘密的天文学家。人类的活动领域自此深入到宇宙，使企图麻醉人们的精神和意志的"神的世界"遭到了致命的打击，为哥白尼的学说提供了有力的证据。

伽利略教授在给学生们讲授数学时，很受学生们的欢迎。一方面是由于他精湛高深的数学知识让人折服，另一方面是他先进的科学思想给人启发、鼓舞。一些进步学生很快同他结成好朋友，哈维就是其中一个。

在伽利略教授的小木屋里，每天晚上都聚集着许多思想进步、极少城府的青年学生，他们在这里探索自然科学，传播新思想。在这所小木屋里，哈维在伽利略教授的指导下用世界上的第一台望远镜观察浩渺的星空，这些都大大地拓宽了哈维科学研究的视野和思路。

在医学专业方面，帕多瓦大学的教学和研究成就更是遐迩闻名，很多有贡献的医学家曾经在这里执教。

1306年，彼特尔在这里担任医学会主席，他是第一个研究亚里士多德和盖伦的人，并致力于把不同的观点结合起来。

近代解剖学奠基人，出生于比利时的维萨利，在帕多瓦发表了他的名著《人体解剖》。在这本书中，著名的解剖图谱所表示的是各种姿势的活人的解剖。可以说是"活的解剖学"。因而触犯了教会和反动势力，遭到了猛烈的攻击，被迫离开讲坛。

哈维在帕多瓦大学时，亚里士多德和盖伦的著作是主要的教科书。

亚里士多德是古希腊的著名的哲学家和科学家，是古代知识的集大成者，是一个最博学的人。他在物理学、生物学、医学、教育等诸多领域都有研究和贡献。亚里士多德与以往的哲学家不同之处是，以往的哲学家都是在脆弱的经验基础上建立起他们的体系，而亚里士多德是第一个从事广泛地观察和实验研究的人。他把搜集、分类、观察与实验等工作确定为研究生物、医学乃至自然科学的方针，开创了古代科学的新纪元。

盖伦是古罗马的名医，也是古代医学理论家，他的医学理论由于被宗教神权利用，在漫长的中世纪历史阶段占有统治地位。

帕多瓦大学医学专业曾有许多著名教授先后在此任教。除前面提及的著名解剖学的奠基人维萨利之外，还有著名的解剖学家罗比奥斯、法布里修斯等杰出学者。从维萨利、罗比奥斯、法布里修斯，直到威廉·哈维，这四代师生，奠定了帕多瓦大学的解剖学和医学教学的雄厚基础。对世界医学，特别是解剖生理学的发展，作出了影响极为深远的重大贡献。

良师益友

　　在哈维的成长道路上，他遇到了很多学识渊博的专家、学者并结识了一些感情挚深的朋友，其中帕多瓦大学的法布里修斯老师和著名的哲学家培根，称得上是哈维的良师益友。

　　早在哈维入学前，法布里修斯就来到了帕多瓦大学任教，他是一名闻名欧洲的著名解剖学专家和外科医生。在帕多瓦大学，他以精湛的解剖技艺和渊博的知识而深受学生们的敬重。

　　当时在帕多瓦大学有一个世界上第一流的解剖大

厅，能容纳300人。这个大厅是圆形的，五层台阶式的看台，底层是解剖手术台，整个大厅的形状颇有几分像西班牙乡间的斗牛场。学生们站在看台上俯视老师的解剖动作。这个大厅就是法布里修斯亲自设计的。在这个大厅里，他给学生做了无数次演示实验。每当他做演示实验时，连裁缝、鞋匠、屠夫、店员、小贩等三教九流都争着前来观看，使本来就拥挤不堪的解剖大厅更加水泄不通。

学校规定每年解剖两具尸体，一男一女。所以对医学院的学生来说，法布里修斯老师的解剖演示实验是无论如何也不能错过的。

又到了法布里修斯老师演示实验了。清晨，天刚蒙蒙亮，300多名医学院校的学生就熙熙攘攘地挤进解剖大厅。在阶梯座位上伸长了脖子，踮着脚尖站着，等待着法布里修斯解剖演示实验的开始。时间在一分一秒地过去……突然，窗帘全部落下来，厅内点燃了许多烛台，由学生擎着，给漆黑的大厅，特别是中央解剖台照亮，哈维就是这些擎灯的学生之一。解剖台的一端坐着亲临观摩指导的大学校长。他的身后站着一排教授，另一端则是解剖学导师的座位。解剖开始了，300多名学生个个全神贯注地注视着他熟练的操作：他先将腹部垂直切开，然后再由脐上横行切开，暴露出腹腔脏器……

整个解剖实验持续了近五六个小时。在这段时间里，观摩者身上的汗水气味、皮靴、剑鞘的气味与解剖台上的尸体的腥臭味混在一起，使人感到恶心。但是酷爱医学的哈维始终兴味盎然，他的眼睛一直盯着法布里修斯的手术刀。

"你们应该特别注意，"法布里修斯解剖完毕以后说，"了解人体器官的构造与功能，不能仅仅通过读书和听课，而应通过对动物和人体的解剖；不要依赖聪明和猜想，而要相信你亲眼所能看到的东西。这样，你才有可能发现那些至今尚未被人发现的东西。"

接着，法布里修斯结合解剖，讲解了他发现的静脉血管瓣膜的理论。

在一次对新鲜尸体解剖时，他发现静脉管壁内有两片半月形的瓣膜，他形象地将它称之为"血门"，说这些小小的"血门"，就像一个水闸的闸门能制止流水那样，控制住血液的流动。

"请问老师，这血液是从哪里流来，又往哪里流去呢？"

在老师旁边擎灯的哈维向老师提出了一个问题。

"唔，这个问题提得好。不过要弄清楚它，还要进行研究。"老师回答。

"还要进行研究？"哈维对老师的回答虽然有些失望，但看到老师这种认真而又谦逊的态度，内心对老师更加敬重了。

法布里修斯不仅解剖实验技能高超，对当时的亚里士多德和盖伦的理论也很有研究。他讲课的系统性、逻辑性很强，枯燥的亚里士多德的定性分析、归纳法等科学论证方法，盖伦的解剖学医疗实践，在他风趣的语言讲解下，学生们接受得很快。

在当时，哈维十分钦佩亚里士多德和盖伦的理论，但他更钦佩为他传授知识、传授实验技能的法布里修斯老师。是他那静脉瓣理论，使哈维对血液流动路线发生了浓厚的兴趣；是他那广博的知识、开放的思维，为哈维探索血液循环之谜注入了活力。哈维为自己能遇到这样的老师而自豪。

在法布里修斯老师的指导下，哈维学业进步很快，学习成绩也很好，法布里修斯老师也十分器重他。

　　如果说法布里修斯老师在哈维成才道路上起到了引路的作用，那么作为朋友，培根的哲学思想对哈维血液循环理论的形成起到了启迪作用。

　　哈维与培根的相识并不是在帕多瓦大学，而是在哈维以后的行医生涯中。

　　那天，哈维的诊所来了一位身材瘦小、面色发黄、呼吸急促的40多岁绅士模样的人。他就是英国著名的唯物主义哲学家佛朗西斯·培根。但当时哈维并不知道这些，只是把他当做一般的患者，亲切地打着招呼："先生，请坐！"培根坐在了长条椅子上，但呼吸还是那样急促。

　　凭着医生的直觉，哈维断定此患者患的可能是呼吸系统的疾病。果不出所料，经哈维诊断，培根患有哮喘，哈维为他开了药方，然后嘱咐他服药的同时还要注意休息和饮食。

　　几天以后，培根又来到了哈维的诊所，这次同上次有所不同，他的呼吸虽说不太自如，但较平稳，脸色略有红润，哈维又为他进行了诊治。

经过几次的治疗，培根的病痊愈了。出于感激，这位哲学大师经常光顾哈维的诊所，两个人经常交谈，逐渐成为好朋友。在交谈中，哈维觉得培根的思想很激进，说出的话很有新意，是一个不同寻常的人。谈到哲学与自然科学的关系时，培根滔滔不绝地说："真正的哲学就必须研究自然、控制自然，提供给人们新的发现。世界是客观的、物质的、由分子组成的，并且有规律地运动着的。科学家的任务在于认识自然界及其规律，而认识自然，科学家只能经过实验才能获得。"培根这一闪烁着朴素的唯物主义思想火花的话语，为正在探索血液循环之谜的哈维指明了方向。

哈维与培根两个伟人互相交流自己的学术思想，每一次交谈，两个人都会受到不同程度的启发，他们之间的友谊一直保持到培根临终时。遗憾的是，培根没能等到哈维的血液循环理论的发表就与世长辞了。在培根去世后的第二年，也就是1628年，哈维的血液循环理论正式发表。

一心扑在解剖实验上

　　哈维特别注重实验。他说："无论是教解剖学或学解剖学，都应当以实验为根据，而不应当以书本为根据。"

　　"硬癌是一种硬、重、固定而且疼痛的瘤。癌是一种很硬的恶性瘤，伴有或不伴有溃疡，它的名称是从一种叫做蟹的动物而来的。"在一间大教室里，病理学老师正在给学生讲授盖伦的医学理论。学生们在聚精会神地一边听，一边记笔记。"哎呀，什么东西？"不知是谁惊恐地喊了起来。循着声音望去，只见紧挨着哈维站着的道姆同学的脚边有一只大青蛙。"这是怎么回事？""青蛙怎么会跑到教室里来呢？""是谁把青蛙带到教室里来的？"这时，教室像炸开了锅一样，议论纷纷。就在同学们议论的时候，哈维悄悄地把青蛙抓起来，顺手放入上衣口袋里。这一举动都被老师看在眼里，但老师没有说什么，继续讲课。老师心里明白，哈维一定又是从外边抓到了青蛙，留着课后做实验用的。

正像老师预料的那样，哈维在上课前，路过草丛时，发现了这只青蛙。对解剖实验着迷的哈维，自然不会放过这只送上门的实验动物。他把青蛙捉住，然后放在口袋里，上课时，当他从口袋里取笔时，青蛙跑了出来，闹出了刚才那出恶作剧。

帕多瓦大学的解剖实验课从解剖动物开始，小到麻雀，大到猪、牛、羊。哈维对动物解剖有着浓厚的兴趣，每次上实验课，他总是第一个来到实验室，帮助老师把实验器械、实验动物准备好。上课时，他都仔细观察老师做实验的每一个细节，并按照老师的要求又快又好地做完实验。而且，他在做实验的过程中，总是不停地向法布里修斯老师提出问题。老师非常喜欢这个爱动脑筋、爱提问题的学生。每次哈维提出问题，他都耐心解释，遇到尚没有弄懂的问题，老师也坦然地告诉他：这个问题正在研究。

学校当时为学生准备的实验动物的数量、品种都很有限，仅依靠课堂上学到的知识已经远远不能满足哈维的求知欲望了。为此，哈维经常到市场买回活的动物进行解剖；只要一有空闲时间，他就躲到教室里解剖各种小动物。一段时间内，经他解剖的动物就达20多种。这样，哈维的解剖技能越来越熟练，学到的知识也越来越多，同学们都亲切地称他为"小解剖家"。法布里修斯也更加器重他，请哈维做他的助手。

解剖实验的后期就是人体解剖了，当时学校用的尸体都是政府批来的。由于没有防腐剂，所以，人体解剖一般都安排在秋冬季节进行。按学校的规定，每年进行两具尸体的解剖演示实验已越来越不能满足学生们的强烈求知欲了。有些学生想尝试一下自己亲自解剖尸体的感觉，但苦于弄不到尸体。

晚上，哈维躺到床上，苦苦地思索着如何能弄到尸体。

"哈维，我告诉你什么地方能弄到尸体。"同宿舍的哥拉斯同学看出了哈维的心思，然后给他出主意。哈维一听说能弄到尸体，从床上一骨碌爬了起来，迫不及待地问道："你说，什么地方？"

　　"算了，说了你也不敢去。"

　　"只要你说出地方，我就敢去。"哈维坚定地说。

　　"无主坟地和绞刑架下，你敢去吗？"哥拉斯凑到哈维耳边说。

　　"啊，那么恐怖的地方！"

　　"怎么样，不敢去了吧？"

　　哈维小时候曾有过到屠宰场弄到牛心脏的历史，但到坟地掘尸，对于一贯遵守学校规章制度的哈维来说，可以说是越出了雷池一大步。"如若被学校知道了怎么办？""会不会影响我拿博士学位？……"一连串的问题在哈维的脑海中涌现。但一心要探讨医学奥秘，求知若渴的哈维终于排除了种种顾虑，他坚定地向哥拉斯说：

　　"好，我决定去！"

　　"我同你一起去。"

这样他们商量好了明天晚上去盗尸。

第二天晚上，当夜幕降临时，哈维同哥拉斯一起悄悄地来到了离校园20多千米的无人看管的绞刑架下。当时，正是深秋季节，天气虽说很冷，但尸体已有些变质发臭，哈维同哥拉斯顾不得这些，选割其有用的部位，藏到大衣里，带回住所，在烛光下彻夜工作。

第二天早晨，哈维的眼睛布满了血丝，他用冷水洗了洗脸，穿着大衣又去上课了。由于哈维穿的大衣昨夜包裹过发臭的尸体，所以同学们远远就能闻到臭味，都离他远远的，哈维也意识到了自己的过失，只是装"糊涂"。这一切又被善于观察学生的法布里修斯老师看到了；这样的事情，他已经见过几次了。其实学校表面上不允许学生盗尸，但实际上并不干涉学生这样做，在某种程度上还暗示鼓励和怂恿学生这样做，因为政府每年分配给学校做实验的尸体太少了。

下课了，法布里修斯走到哈维身边，轻声地说："怎么样，昨天晚上又发现了什么问题？"哈维先是一怔，但当他看到老师并没有责怪他的意思，他就解除了顾虑，欣喜地同老师谈了起来……

哈维在帕多瓦大学学习期间，不仅勤于耕耘，同时还具有对人友好，助人为乐，慷慨施舍，尊重他人的良好品质，这些，都深受同学们的赞扬。1600年8月，同学们都推选他为英国同学会主席参与管理学校。

　　1602年4月，哈维以优异的成绩获得了博士学位。在答辩会上，他对答如流，有独到见解，博得了教授们的赏识。他的博士证书至今还保留在伦敦皇家医学会。学位证书上写着："持此证书者，可在任何国家、任何地区行医，任教，组织答辩，管理学校等。"这对哈维的才能和学业成绩给予了极高的评价。在授予博士学位和颁发文凭仪式上，主持者说："我们怀着无比喜悦的心情，听取了高尚的、博学的来自英国福克斯通的汤姆斯之子，著名英国同学会主席——哈维的答辩，按照盖伦学说，他精辟地表达了自己的观点。在这次考试中，如此出色地表现了自己的才华，记忆力和渊博的学识，远远超出了人们的预料。"哈维以品学双优的成绩完成了帕多瓦大学的学习，赢得了学校给予的极高评价。

医学教授的经历

　　哈维从帕多瓦大学毕业后，载誉归国，重返故乡。为了能继续从事医学研究工作，当年又重返剑桥大学岗维尔—开伊斯学院从事医学研究。

　　岗维尔—开伊斯学院原名叫冈维尔学院，创建于1348年。开伊斯博士在1557年重建这所学校，后来学校以两位创建者的名字命名。开伊斯是伊丽莎白时代著名的医生，毕业于帕多瓦大学，曾连任爱德华四世马丽女皇和伊丽莎白女皇的御医。开伊斯在学校里开设了解剖课并获得女皇伊丽莎白特许，每年在校对两具被处决的罪犯尸体进行解剖。开伊斯的学术成就非常令哈维钦佩，然而，更让哈维钦佩的是开伊斯珍惜人才的精神。

在哈维刚回到母校时，开伊斯校长亲自迎接这位学业有成的"校友"，并向他询问帕多瓦大学这几年的变化。从哈维的谈话中，他得知眼前这位留学生是位很了不起的人才，应该很好地嘉奖，以此来带动剑桥的学术研究。为此，开伊斯校长召开了全院大会，在会上表彰了哈维在留学中所取得的卓越成绩，并授予他博士学位，聘请他为该校解剖学教授。当哈维双手接过这寄托着故乡情谊、母校关怀的学位证书时，他的眼睛湿润了，心中暗下决心，一定不辜负故乡人民的期望，把自己所学的知识献给祖国。

在开伊斯校长的支持关怀下，哈维不顾旅途疲劳，很快地投入了紧张的备课，整理实验室的工作中。一周以后，他便开始给学生上课。

在现代大多数的学校，不论大、中、小学，都是学生坐着听课，老师站着讲课；即使在"电化教室"里，虽然老师已可以坐着讲课，但学生却也坐着听课。在数千年的古代，包括我国在内的不少东西方国家也曾实施过一种"游历授学"的方式。我国的大圣人孔夫子、西方古代的学术至尊人物亚里士多德以及西方医学之父希波克拉底等人，都曾以这种方式施教。他们带着学生，一边游历，一边授学，常常是在庙宇等比较僻静的处所或在大树庇荫之下的露天，师生席地围坐，教师耳提面命，学生聆教问难，师生间还常常就某些学术问题共同切磋。因此，这种古代的"游历教学"方式，至少就其师生同坐，互相辩难这些方面来说，倒是体现了某种程度上的师生平等精神。但在等级森严的中世纪，欧洲的不少大学和医学院里，施教方式却与现代和古代有些不同，在课堂上，只有教师一人独坐于讲坛，而数十或数百名学生站着听课，直到讲课结束为止。有时学生也可以坐但并无座位，而是坐在铺着稻草的地上。这种中世纪欧洲授课场面所体现的，已不仅是师道尊严，甚至可以说是"师位独尊"。

哈维所处的年代，尽管是文艺复兴的鼎盛时期，但这种站着的学生，坐着的教师授课方式还没有改变。

当身穿长袍的哈维第一次高坐在讲坛上时，同我们现代人一样心中不免有些紧张，因为前一段时间他还站在下面做学生，可今天却坐在前面做老师。坐着的感觉是比站着舒服多了，但坐在这里所要面对的是数十人投射来的目光，这一点与以前是大不相同的。他有些局促不安，甚至不敢抬头向同学们正眼望一望。整整一堂课，他如同雕像那样坐在那里，一动不动地按照事先准备好的讲稿一息不停地讲下去，完全不像当年法布里修斯老师在课堂那样从容自如、沉着老练。这时，他多么希望他的恩师能来到他的身边，替他完成这项工作……哈维经历这种心情的时间虽不长，但却给他留下了很深刻的印象。

渐渐地，他便从这种艰涩尴尬的境地走了出来，课程讲得也熟练了。坐在讲坛上不那么紧张了，小小的讲坛，已不是陷人的樊笼，而是可以自由驰骋的广阔天地。他把当年从帕多瓦大学学到的盖伦和亚里士多德的理论及法布里修斯精湛的解剖技术传授给学生，很受学生们的欢迎。在长期的教学实践中，他学会了用眼睛与学生交流。他望着学生的眼睛，就能知道他们用心听讲课的程度，如果他们有了心得体会，首先就会在他们的眼睛里发出折射光芒；有了疑问，也会在那眼神里发出信号。眼睛是心灵的窗口，这话一点也不假，学生和老师不单是在语言上，而且在眼神中也可以交流情感，交流知识。这在他坐讲台前是无论如何也感觉不到的。

在实验课上，哈维继承了法布里修斯老师的解剖手法，从动物实验到人尸解剖，他都认真演示，学生们也非常佩服这位有着精湛技艺，在课堂上用"眼神"与他们交流的年轻教授。与此同时，哈维在授课中十分注重理论联系实际，引导学生在实验中获取有用的知识。

在教学中，他经常在快要腐烂的尸体旁，专心致志地进行解剖研究，一待就是几个小时。那时，还没有防腐液，腐烂的尸体散发着令人恶心的臭味。哈维一丝不苟地向学生讲解人体的解剖，示范解剖操作的每一个步骤。他讲授解剖学不拘泥前人和书本的教条，而是根据自己的观察结果，以实践为依据。哈维说："我信奉的不是书本，而是通过解剖来学习和讲授解剖学。"

如果哈维继续教学，他一定会成为一名出色的教师，但在他经历了母亲病逝的打击后，他又重新做出了选择。

当哈维在帕多瓦大学毕业时，曾回家看望了母亲，并给母亲带了一些在意大利买的治疗心脏病的药，嘱咐母亲按时服药。回到了剑桥大学后，由于很快就投入了紧张的备课、上课和做实验工作中，很少有时间回家看望患病的妈妈，好在这期间他经常能收到父亲寄来的报"平安"的家信，这使哈维免去一份挂念。

这天，家里寄来了一封信，与前几封不同的是，父亲在信中告诉他：母亲病很重，望哈维无论如何也要回家看一看。哈维感觉到事情不妙，他立即向校长告了假，连夜赶回家中。

一到家，只见妈妈躺在床上，脸上像白纸一样毫无血色，眼睛微微睁开。姐姐和弟弟都守候在妈妈的床边；爸爸那苍老的脸上布满愁容。哈维急切地走到妈妈床前，俯下身来，拉着妈妈布满老茧的手，亲切地说：

"妈妈，不孝儿子——哈维回来看你来了。"

"回来就好，回来就好……"妈妈用颤抖的手轻轻地抚摸着哈维的头，吃力地说着。

"妈妈，您病成这个样子，为什么不早些告诉我？"哈维含着眼泪说。

"孩子，你是一个干大事的人，妈妈不能拖累你……妈妈只是有些累了，想到主那里去安歇……"

"妈妈，孩儿不孝，让您老人家遭罪了，我愧对妈妈……"哈维紧紧地握住妈妈冰冷的手，失声地痛哭起来。

此时的哈维感到无比懊悔，妈妈一生勤劳持家，历尽艰辛地养育着7个儿女，为了能让他和姐弟受到最好的教育，她含辛茹苦，操持家务，尽管妈妈本人没有高深的文化知识，但她深明大义、相夫教子，使哈维的一家生活得幸福和富裕，几个弟弟虽然没能像哈维一样选择学术道路，但也都成为商人。为了不影响哈维的学习与工作，母亲总是瞒着病情，把一封封"平安"的信寄到哈维的手中，使哈维无牵无挂地在医学领域中钻研。如果说哈维日后在血液循环理论研究上取得了重大成果，那么这成果中渗透着妈妈的心血。哈维在谴责自己，为什么不能早一点回来，用自己所学的医学知识给母亲治病，哈维的心都碎了。

哈维凭着几年学医的感觉，他认为妈妈已经不行了，他摸了摸妈妈的脉搏，跳动得是那样的微弱，的确，妈妈太累了，让她安息吧！就在妈妈闭上眼睛的一瞬间，一个新的志向在哈维的心中形成了，他要当一名医生，去挽救无数个像妈妈一样的勤劳善良的人。

德才兼备的医生

处理完母亲的丧事，心情沉重的哈维返回到剑桥大学。当开伊斯校长看到身着素装，满脸愁容的哈维时，似乎一切都明白了。他安慰了哈维，鼓励哈维尽快从痛苦中摆脱出来。

在与开伊斯校长交谈过程中，哈维提出了自己的"新"想法，出乎哈维的意料，院长很支持他行医，但不同意他辞掉剑桥的职务。"能否考虑将行医与人体解剖学授课结合起来？"校长的话提醒了哈维，"是啊，行医和讲医学解剖课并不矛盾，行医时，可以积累临床经验，丰富教学内容，提高教学质量，而剑桥大学良好的教学实验条件又可以进一步促进医学的研究。"经过一段时间的思考，哈维接受了开伊斯校长的建议，在离校不远的地方开了一个诊所。

哈维的诊所是一个宽敞的房间。看病时，药剂师、会计师和护士长都站在旁边侍候，助理医生在诊室内外接待病人。哈维给病人看病不分穷富贵贱，上至贵族大臣佛朗西斯·培根和阿朗得尔伯爵，下至颠沛流离、身无分文的普通百姓，都一视同仁，同样认真诊治。

有一天，一个10岁左右的小男孩搀扶着一位面容憔悴的中年妇女来到了诊所的门前。当时正值深秋，但他们穿得很单薄，小男孩脚上的鞋已磨得不像样子，那位中年妇女身上穿的衣服早已褪了颜色，看样子他们像是母子俩。

"妈妈，我们进去吧。"

"孩子，不是妈妈不想看，只是我们没有钱。"

母子二人的对话被正在给病人写病历的哈维听到了，他吩咐助理医生将这母子俩请到诊所里来。

小男孩搀着妈妈走进诊所，助理医生把他们安置在一条长板凳上坐下。哈维立即迎上前去，准备为中年妇女诊病，只见小男孩"扑通"一声跪在哈维面前抽泣说：

"医生，求求您了……救救我妈妈……她已经几天没有吃东西了！"

小男孩一边哭，一边断断续续地说着，哈维走上前去扶起了小男孩，对他说："孩子，你不要急，我会给你妈妈看病的，上帝会保佑她的。"听到了哈维的话，小男孩才止住了哭声。

哈维开始为小男孩的妈妈诊治，经诊断才知道，这位中年妇女并没有什么实质性的疾病，只是由于长时间营养不良而造成身体极度虚弱。

"孩子，你妈妈几天没吃东西了？"

"两天了。"

"那你吃东西了吗？"哈维又问。

"我吃了，妈妈说她不想吃，把食物都让给我了。"

"家里还有什么人吗？"

"没有了，只有我和妈妈。"

　　望着眼前这苦命的母子俩，哈维心里很不平静，一切都不必再问了，他们的生活很贫困，急需有人能帮助他们。想到这里，哈维给小男孩的妈妈开了一个药方，上面主要是些营养药，将药方送给了药剂师，让药剂师尽快配齐。然后，从口袋里掏出了一些钱交到了小男孩的手中，并嘱咐说："让你妈妈按时服药。另外，用这些钱为妈妈买些营养品，用不了几天，你妈妈的病就会好的。"

　　小男孩呆呆地望着眼前这位菩萨心肠的医生。他怎么也不会想到这位医生给穷人看病不但不收钱，反而还给他们钱，他的眼睛湿润了，激动的泪水夺眶而出，他的妈妈更是激动得说不出话来。

　　几个月以后，那位中年妇女领着小男孩，提着一篮子水果来到诊所，感激他们的救命恩人并向哈维诉说了她得病的缘由。

　　原来中年妇女的丈夫是一位面包厂工人，一个月前的一个傍晚，突因左胸上部剧疼而死亡。丈夫的突然去世，给她造成了很大的打击，悲痛之余，她草草地处理了丈夫的后事便卧床不起。失去生活经济来源的母子，立即陷入了困境，起初靠卖家里的东西，待值钱一点的物品都卖光了，年仅12岁的儿子便去给一家工厂当童工，靠儿子的微薄收入勉强糊口。失去亲人的打击及生活艰难，使妈妈的身体越来越虚弱，在万般无奈时，小男孩才壮着胆子硬是"逼"着妈妈来到哈维的诊所……

服用了哈维医生开的药及吃了一些营养品后，小男孩的妈妈的病很快就好了，现在已经找到了一份工作，每月的工资足以维持生活了，今天提来的水果就是用第一个月的部分工资买的。

就这样，哈维一心一意地为穷人看病，拯救了无数个处在危难之中的病人，赢得了人们的普遍爱戴。

哈维不仅有良好的医德，而且医术精湛。

有一次，诊所门前停了一辆华丽的马车，从马车里走出一个仆人模样的人扶着一位绅士，只见那位绅士衣冠楚楚，举止文雅，又黑又大的礼帽几乎盖住了整个脸部。

助理医师很快出来，将绅士请到了诊所内。

待绅士坐稳后，他摘下了礼帽，这时，哈维才看见在这位绅士的右侧头颈部长着一个鸡蛋大的瘤子。

哈维仔细地观察这个瘤子，并用手摸了摸，有搏动感，据患者讲，这个瘤子一天比一天大，仅仅一年的时间就由原来的牛眼睛那么大长成如今鸡蛋那样大。患者很痛苦，他曾走访了几家有名的医院，但都无法治疗，今天，他是抱着试试看的想法来到了这个有名气的小诊所。

哈维的诊所刚开业时，患者不是很多，但哈维良好的医德和高明的医术吸引了一些患者前来治病，这样，经过一段时间后，哈维的小诊所在附近已有名气了。

哈维认真地分析了病情，制订了周密的手术方案，把一切可能出现的意外事件都进行了预先处理。手术按预定的计划顺利进行，由于哈维具有良好的医学知识功底和精湛的外科技术，手术做得相当成功。

类似这样成功的病例不少，使哈维的诊所名声大振，加之哈维良好的医德，所以无论是上层社会的贵族，还是下层社会的贫民，都不管路途遥远，不辞艰难地前来求诊。哈维的声望也一天天大了起来。在1604年10月5日被接纳为英国皇家医学会候补委员。1607年6月被选为该学会的正式委员。1618年哈维被国王詹姆斯一世任命为特约医生。詹姆斯死后，又被任命为查理一世御医。

"开小差"的新郎

　　1604年11月6日，26岁的哈维同詹姆斯一世的御医——布朗的女儿伊丽莎白·布朗结婚。婚礼在教堂里举行。前来贺喜的有皇家贵族，达官贵人及一些学者，还有一些哈维的朋友。

　　在从教堂返回家的路上，哈维和伊丽莎白坐在豪华的马车上互相依偎着，沉浸在幸福的喜悦之中……

　　"哈维，我同你商量一件事。"

　　"什么事？"

　　"这几天，你不要做你的动物实验了，你要好好地陪陪我。"

"好吧，我答应你。"

伊丽莎白听到这话，脸上露出满意的微笑。此刻，她觉得她是世界上最幸福的人了。正当伊丽莎白为丈夫的许诺而兴奋不已时，哈维的脑子却"开了小差"，他想到了他的动物实验，想到了他的家庭实验室……

在哈维的家里，有一间被他称之为"博物馆"的家庭实验室。这间实验室以前一直在哈维的单身房间里。结婚之前，他征得伊丽莎白的同意，将这个实验室搬到了结婚用的新房中。

在这间实验室里，有一个大书架，除了摆放一些哈维用的医学、哲学书籍外，还摆着瓶子、罐子和木桶，里面养着鱼、青蛙等小动物。书架的左侧是一个工作台，台上放着各种玻璃器皿，自己设计的解剖工具。哈维一有空就钻到实验室里做实验，并把实验观察到的情况认真记录下来。

他解剖观察的动物种类繁多，有昆虫、蜗牛、青蛙、蛇、鱼等冷血动物；也有兔、羊、猪、狗、猫等哺乳动物，共计80多种。他为科学献身的精神是十分可嘉的。其实，他在马车上答应新婚妻子的话并没有兑现。新婚的第二天就一头钻进实验室，一干就是36个小时。伊丽莎白也是一个支持丈夫工作的人，每天给在实验室工作的丈夫送饭，有时伊丽沙白送晚饭时，发现中午送去的饭还在书架上放着——真可谓发愤忘食。

解剖实验研究是一项非常艰苦细致的工作，哈维没有助手，寻找和购买实验用的动物，实验准备及其清理又脏又臭的动物标本等都得亲自完成。那时，还没有发明麻醉剂。每当解剖蛇或狗等动物时要冒被咬伤的危险。有时为了观察心脏的结构和血流运动规律，他往往需要夜以继日、废寝忘食地观察和记录实验过程。这样的工作，哈维不厌其烦，而且感到一种莫大的乐趣。

为了观察心脏和血液的运动，哈维相信活体解剖能帮助自己寻找正确答案。

在现代社会中，活体解剖动物是件很容易的事，只需注射适量的麻药就可以。可在哈维那个年代还没有麻药，活体观察简直太难了。然而对血液循环功能孜孜不倦探索的哈维来说，克服了这些困难。他在解剖大量实验动物的过程中，积累了大量的第一手资料，同时也摸索了一整套活体解剖方法。

在解剖中，他发现了许多的蛙、蛇、小鱼，甚至小螃蟹、小虾和蜗牛的心脏跳得很慢，而温血动物，如狗、猪的心脏跳动较快，且更为清晰，他亲眼观察到动物右心室收缩时，肺动脉随之扩张且搏动；左心室收缩时，身体内别的动脉同时扩大和搏动；当左心室停止跳动时，动脉的搏动也同时停止；左心室收缩无力时，动脉的搏动就几乎察觉不出来。哈维还细致地观察到，动脉被刺破后，左心室收缩时，动脉血液便有力地从伤口处喷出来。

哈维正是通过观察这些现象，提出了与前人不同的看法。他认为，动脉的脉搏是由于左心室的收缩逼迫血液冲入动脉形成的。而亚里士多德和盖伦的学说认为，心脏的收缩与舒张是由于肺的扩张所致，而不是心脏本身的活动。

哈维在解剖动物的过程中，细心地观察心脏左右心房和左右心室的活动。在这个问题上，盖伦认为心脏只有两个心室，没有心房，而当时的解剖学权威波盖虽然看到了心脏有4个房室，但他认为4个房室各自独立在不同时间跳动的。哈维通过活体解剖实验观察，对上述两种错误论点提出反驳。他说，4个房室确实在不同位置上，但并非各自在不同时间活动。他看到两个心房是同时搏动的，随之而来的是另两个心室在同时搏动。哈维进一步解释这种现象：两个心房同时活动，是分别向左右心室充盈血液；两个心室活动是向肺动脉和主动脉排出血液。

　　哈维的这一发现，无疑是向血液循环理论迈出了重要的一步。

到大自然中探索

　　哈维小的时候，就非常喜欢大自然中的珍禽异兽，奇花异草，尤其喜欢各种各样的小动物。每当他看到树林中奔跑的狐狸，草坡上活蹦乱跳的野兔，田野里互相追逐的锦鸡，大海中穿梭往来的鱼群，他就兴奋不已。热爱大自然，观察大自然，认识大自然是哈维从小就形成的良好素质，这对他揭开血液循环之谜不无影响。

　　随着哈维对活体动物解剖工作的逐渐深入，他用来实验的小动物越来越少，市场上卖的种类也很有限。为了能及时地补充这些实验动物，哈维经常同妻子伊丽莎白到郊外去捕捉。

这一天，他们乘坐着舒适的马车，拿着一些盛放动物的铁桶、木盆及解剖用具，来到了离家20千米的郊外。一到清新宜人的大自然中，哈维立即被这美好的自然景观所吸引。蓝蓝的天空飘浮着朵朵白云，绿草如茵，彩蝶飞舞，清澈见底的小河边，不时传来阵阵悠扬的蛙鸣，燕子绕着池塘不停地飞翔，它们时而从高空"俯冲"下来，时而掠过水面向半空中飞去。

"多美的大自然啊！"哈维激动地说。

伊丽莎白更是兴奋不已，她一边忙着帮助哈维从马车上搬东西，一边说："哈维，以后我们经常出来玩玩，这儿的空气多好。"

"玩？你说错了，我是出来工作的。"

"那我情愿让你在这儿工作，也不愿你在实验室工作。"伊丽莎白撒娇地说。哈维望着妻子喜悦的面孔，心中油然升起一种愧疚。是啊，自从跟妻子结婚后，他很少有时间陪她，不是在实验室研究小动物，就是去诊所给人看病，有时还要去学校给学生讲课。难怪妻子埋怨他，说他是一个"工作狂"。想到这里，哈维走到妻子面前，拉着妻子的手亲切地对她说：

"伊丽莎白，这么长时间让你冷清了，真对不起！今天就当做我们的假日旅游吧，让我们从大自然中的小动物身上寻找快乐吧。"

"好吧，那我就感谢大自然了。"妻子风趣地说。哈维与妻子手拉手地来到了池塘边并坐了下来。还没等伊丽莎白坐稳，哈维指着池塘兴奋地说："快看，来了只青蛙。"说着便挽起裤腿，脱掉鞋子拿起大网兜走下池塘，准备捉青蛙。他本以为可以抓住，但由于淌水声惊动了青蛙，加之动作慢了一点，青蛙快速地向池塘中心游去——哈维扑了个空。

"哈维，快看，又来了一只。"伊丽莎白在岸边手指着池塘大声地喊着，只见一只青蛙向着哈维游来，这次哈维吸取了上次的教训，站在原地来个"守株待兔"，当青蛙悠闲地在池塘中游动时，不知不觉地进入了哈维的网中。哈维很快地上岸，将这只青蛙放入他们带来的铁桶中。就在哈维把青蛙放入铁桶里时，伊丽莎白发出尖叫："哈维，蛇、蛇！"哈维回头一看，一条眼镜蛇正向妻子所处的方向爬来……他下意识地拿起大网兜，悄悄地绕到蛇的侧面，猛力一扣，将蛇扣住。这时，伊丽莎白才松了一口气地说：

"哎呀，吓死我了！"

此时的哈维忘记了刚才受惊吓的妻子，趴在地上正小心翼翼地从网兜中将蛇取出，看到他那样投入，那样兴奋，妻子无可奈何地摇了摇头。

哈维把蛇取出后，本应将它放入木桶里，带回实验室，但探索动物心脏结构的急切心情驱使着他，立即投入了解剖蛇的"野外实验"中。

他用带来的铁钉将蛇的头尾固定在一块木板上，然后熟练地剖开蛇的胸腔，只见鲜红的管状心脏有节奏地缓慢地跳动着。哈维娴熟地用小镊子紧紧夹住蛇的静脉，由于阻断了静脉血流向心脏，蛇心立刻变小而且苍白了；松开镊子，蛇心就立刻充满了血液。然后，他用镊子夹住动脉，心脏就膨大变紫了，似乎顷刻间就要爆炸，蛇身抽动着，松开镊子又恢复了自然状态。这种现象激发了哈维的灵感。正是由于心脏的收缩和舒张活动，动脉血流向全身各个部位，静脉血由全身各个部位回到心脏。血液循环的概念在哈维的脑海里形成了。

"对，血液并不是盖伦说的直线运动，而是循环的。"哈维自言自语地说着。他要把这个发现告诉妻子。

"伊丽莎白，我告诉你，我有两个重大发现。"

"伊丽莎白——"

"哎，怎么没动静？"当他抬起头时，发现伊丽莎白躺在草地上睡着了。他不忍心叫醒妻子，轻手轻脚地走到妻子身边，把自己的外衣轻轻地盖在了伊丽莎白身上。

发现了血液循环现象的哈维，独自坐在那里陷入沉思。

哈维有一个习惯，当他内心很激动的时候，表面上却异常平静。早在帕多瓦大学时，有一次在伽利略教授家里聚会，那是因为布鲁诺宣传日心学说，触犯了地球是宇宙中心的教义，而被宗教法庭烧死在古罗马百花广场的几天以后。那天，为布鲁诺的死，新教徒与旧教徒争得面红耳赤，甚至拔剑格斗。而崇拜布鲁诺的哈维却一反常态，表现出异常冷静，而内心却充满了激之愤情。

多彩的大自然激发了哈维观察思考。如果一味地按照书本上的说教，哈维永远也不会有重大发现的。因为那个年代，在教会神权统治下，人们只知祈祷上帝，《圣经》说人生的一切都是上帝安排的，人们就只有听天由命。《圣经》说地球是宇宙的中心，太阳绕地球旋转，谁要是怀疑《圣经》，谁就触犯了教义，轻则坐牢，重则火烧。教会要求知识服从信仰，实验结果必须维护《圣经》的权威。当时医学界流行一种思潮，热衷于背诵宗教认可的权威著作和诗句，争论问题离不开引经据典，忽视在实验观察中探索自然界的客观规律。哈维的实验思想与那些书本教条和演绎推理方法形成了鲜明的对比。

错误的"遗产"

对于现代人来说，恐怕谁都知道，血液在心脏和血管内沿着一定的方向周而复始地循环流动。心脏是推动血液流动的动力器官，血管则是血液流动的管道，起着运输、分配血液及物质交换的作用。血液循环的主要功能是完成体内的物质运输，保证机体新陈代谢不断进行。然而血液是怎样在心血管系统内流动的，在哈维以前一直是个谜，或者是被曲解了的理论，可以说这是前人留给后代人的一笔错误的"遗产"。

心脏跳动的现象在远古时代就被人注意。在古埃及、印度，人们把心脏看做是生命和机体活动的中心，具有管辖精神和躯体的功能。换句话说，心脏是精神和躯体的主宰。这与中国古代人们的认识相似。公元前2世纪，我国最早的医书《黄帝内经》上说，"心者，君主之官，神明出焉。"就是这个意思。亚里士多德认为心脏是情绪和意识的中心，是产生血液和热的源泉。他认为：食物在胃中溶解，在腹中加工制作，变为蒸气，经肠系膜血管进入心脏，在这里变为血液，并被加热，经血管流至血管的末端（毛细血管）变成全身肌肉，而肺的功能是为心脏散热，保证正常体温。这些现在看来是极错误的理论，却被学生时代的哈维当做严肃的生理学原理来学习和研究的。

古罗马医生盖伦是公元2世纪时的一位在生物学史和医学史上占有重要地位的著名医学家。

盖伦对于医学科学的贡献，在解剖生理学领域内的建树最为重要，他被后人尊称为"解剖学之王"、"实验生理学奠基人"和"实验医学奠基人"；但是，盖伦绝非完人，他的学说和著作同时又包含大量错误，而这些错误中，恰恰也以解剖生理学方面的错误最为严重。

他是这样的一位医学巨人：以多方面的重大贡献而使自己成为解剖学至尊和医学至尊达1400年；又因自己留给后代严重的错误的"遗产"，在同样漫长的历史年代里，阻碍了解剖学、生理学和医学科学的发展。

盖伦时代，自由解剖尸体的风气已不复存在，人体解剖已被严格禁止。故盖伦的解剖学知识大部分是通过解剖动物获得的。他解剖过的动物种类很多，包括猿猴、猪、山羊等，甚至还解剖过河马和象，其中猴和猪解剖得最多。

盖伦是世界医学史上最早用实验方法，研究动物生理功能的实验生理学大师。他利用当时可能有的极其简陋的实验条件，通过精心构思和设计，做出一系列很有意义的生理学实验。在盖伦以前，一般都认为静脉内含有血液，而动脉内则不含血液，只含空气。盖伦以一个极其简陋的实验彻底否定了这种错误的见解：他从动物身体上分离出一段动脉，两端结扎，然后将两端结扎之间的部位切开，结果流出了鲜红的血液！除此之外，他还首次证明了脊髓的节段性功能。这一划时代的发现大大地提高了盖伦的声望，使他一度做了五朝御医，他的医术高超，许多上层人士也纷纷前来请盖伦看病。

盖伦还撰写了大量的学术著作。据说他曾雇了12名书记员，帮助他记录病史和解剖观察生理实验结果。他在各种争论场合发表的全部著作都珍藏在"和平神庙"里，但后来神庙被大火所焚，盖伦著作中的相当一部分也随之化为灰烬。现存下来的一部分著作在西方医学史上占有十分重要的地位。然而，在这些留给后人的医学著作中，有一笔错误的"遗产"，那就是他对心血管系统及其功能的描述。

他以传统的"精气学说"为依据，虚构了虽然精致，但却完全错误的心血管系统理论。他将古代解剖学家的"二精气学说"发展了"三精气学说"，认为人体内有三种"精气"，即"自然精气"，"生命精气"和"动物精气"。肝脏是机体生命的本源，血液是食物在肝脏内变成的，同时肝产生一种注入静脉的"自然精气"，静脉将充满"自然精气"和营养物质的血液送到身体各部；心脏产生的"生命精气"则加入动脉血中，并由动脉送至全身；有一部分动脉血送向脑，脑产生的"动物精气"则由神经送到全身。他认为神经与血管是中空的。这些"精气"送至全身组织后，被组织利用。剩下的废气则由人的呼气排出体外，就如同通过烟囱把燃烧中生成的"烟尘"排向大气一样。盖伦的更大错误在于，他认为动静脉内的血液都像潮水时涨时落那样只做前后进退的单程直线往返式运动。他又错误地认为，在左右心室间隔上存在着许多纤细的、肉眼看不见的小孔，血液可以通过这些小孔不断地从右心室渗到左心室。从上述简介可以看出，盖伦的心血管学说基本上是错误的。他对于血液循环几乎毫不认识。盖伦的这种错误学说一旦占统治地位，甚至独尊地位，无疑将严重妨碍人们对心血管结构和功能的正确认识。

造成盖伦的一系列严重错误，有主客观两个方面的原因。但是，重要的并不是盖伦的错误本身，而是后人对于盖伦及其学说的"神化"和盲目崇拜，大大加深了盖伦错误的危害程度。任何时代、任何形式的偶像崇拜，都是与科学精神根本不相容的。

被驱逐的"炮手"

1543年，是科学史上的重要的一年，有两部划时代的科学著作在这一年问世：一部是波兰牧师兼天文学家、"日心地动"学说的倡导者哥白尼的《天体运行论》；另一部是比利时医生兼解剖学家、近代解剖学奠基人维萨利的《人体解剖》。《天体运行论》是一本薄薄的小书；而《人体解剖》却是一部690页对折的大开本巨著。这两部篇幅悬殊的科学著作出版时，哥白尼已是因中风卧床一年的70岁老人并于同年去世；而维萨利才29岁，是意大利帕多瓦大学医学院的解剖学教授。在自然科学史上，《天体运行论》和《人体解剖》两书都是里程碑式的名著，它们分别揭开了"大宇宙"和"小宇宙"（人体）的奥秘。

在《人体解剖》这部书中，维萨利第一次向统治了解剖学界、医学界1400年之久的"解剖学之王"盖伦开了第一炮。然而这勇猛的炮手却被驱逐出帕多瓦，不得不流落他乡。

维萨利自幼热爱大自然，热爱动植物，特别酷爱解剖各种小动物。曾先后在罗文大学和巴黎大学学医。他的解剖学导师都是当时世界第一流的解剖学专家，但又都是盖伦的忠实信徒。而且仍采取中世纪式解剖学教授方式：由毫无解剖知识的理发匠之类的"助手"解剖尸体，而"有学问"的教授则像只乌鸦，高栖在讲座上，信口开河地呱呱胡说着许多他们自己从未亲自接触过的东西……维萨利对于这种误人子弟的教授方式极端不满，他后来以十分轻蔑的口气向自己的学生说："一个医生从一名屠宰场的屠夫那里，也能比从这些教授那里学到更多的东西。"

也许从未解剖过人体的"解剖学之王"盖伦的解剖

学，那时已统治解剖学界1400年之久，是到了必须加以重新检验的时候了；通过数百年之久的中世纪的解剖教育方式也亟待改革。历史把这些重大的使命，都交给了年轻的维萨利。

1537年，23岁的维萨利离开了保守的巴黎，来到了充满自由研究气氛的意大利帕多瓦大学。他获得了医学博士学位，并被聘为外科学和解剖学教授。就是这位年轻的教授，给帕多瓦大学的解剖学教学带来了勃勃生机！他决不愿学"寒鸦"高栖于教授的讲坛上，甘愿像下贱的理发匠经常做的那样，亲自站到尸体解剖台旁，亲自执刀解剖。他把先诵读盖伦著作，再到尸体上寻找"证据"的顺序颠倒过来，改成根据尸体结构的直接观察结果逐一检验盖伦论断。这位被人崇拜了1400多年的解剖学之王，竟被维萨利指出了200多处谬误！他是一位极其优秀的教师，语言生动形象，且具有说服力；他一边演讲，一边做尸体解剖演示。在解剖演示厅里竖放着事先制备好的人体骨骼标本架，还根据教学要求不时地展示大幅解剖学挂图。这些挂图是他亲自绘制的。学生们一边听讲，一边观摩解剖，还有事先制好的标本和大幅精美挂图帮助理解，故对他的每堂课都留下极深的印象。除了帕多瓦大学外，维萨利还在波伦亚和比萨大学兼课，每4—7天去讲演一次，更扩大了自己的影响。从维萨利那里，学生们不但学到了准确的解剖学知识，也学到了合理的解剖学研究方法和教学方法。维萨利给帕多瓦大学和整个意大利的解剖学研究和教学，开创了一种影响深远的全新的风气。

解剖学研究离不开尸体。尸体缺乏是维萨利所遇到的最大的困难。为了获得尸体，他不止一次地充当了"盗尸者"的角色。他常常在黑夜，独自偷偷地去到墓地或刑场盗取尸体。有一次，他去盗取一具还在绞刑架上的已经腐烂的尸体的骨骼，将盗取的一部分骨块掩藏在自己身穿的大衣内，带回城里的住所，存放在自己床下。这样"非法"地劳作了好几夜，才清理出一具完整的骨骼标本。

在紧张的解剖学研究和教学工作之余，维萨利开始编撰巨著《人体解剖》。他的朋友、杰出的画家凯尔卡成了他忠实的合作者，替他刻画了精美生动的木刻解剖图。历时5年，巨著告成。

《人体解剖》共7卷：第一卷，骨和关节；第二卷，肌学；第三卷，血管系统；第四卷，神经系统；第五卷，腹腔脏器；第六卷，心和肺；第七卷，脑。全书以一个有趣的短章结束，题为《论活动物的解剖》。书中那大量风格独具的木刻插图，本身就是出色的艺术品。这些插图中的人体，都被画成活体，似乎都正在做着各种不同的动作。

　　在《人体解剖》一书中的第六卷中，维萨利指出心脏的室间膈是许多小陷窝，但并不存在盖伦所说的左右心室的小气孔。这一心脏结构上的重大发现，彻底否认了盖伦所谓人的左右心室血液经室间膈渗透的错误观点，向盖伦的心血管理论开了第一炮。

　　维萨利勇于实践寻求真理的革命行为，激起了宗教界和科学界守旧派的恼恨，谩骂、侮辱、迫害接踵而来。甚至维萨利的老师锡而维乌斯也起来反对他，侮辱他。当然锡而维乌斯晓得他的学生是对的，但他是与当权的那一党站在同一阵线。维萨利的学生哥伦布也晓得他的老师是对的，但他是一个滑头，是一个投机者。维萨利宽容了自己年迈的师长，而激烈地回击了年轻的对手。然而，他却无法面对愈来愈厉害的教会的迫害。他们剥夺了维萨利做解剖学研究的权力，撤销了他在帕多瓦大学的教授职务。万念俱灰的维萨利一怒之下焚毁了自己的一部分手稿，在1514年，即《人体解剖》一书出版的第二年，离开了帕多瓦，到西班牙任国王查理第五的御医，从此结束了他的解剖研究工作。这不单是他个人的悲剧，也是科学发展史上无法弥补的损失。

葬身火海中的肺循环理论

　　1553年10月27日下午，日内瓦街头行走着长长的队列。走在最前面的，是一位40多岁的中年人，头发蓬乱得像一堆枯草，因为备受折磨，已衰颓得像一位老人；后面跟着许多牧师，一边走，一边仍喋喋不休地劝说前头那位中年人"认罪"、"改悔"。终于走到郊外的火刑场，那里早已高高矗立着一根捆绑"罪犯"的火刑柱。那位中年人，就是"叛教者"塞尔维特。

　　在被囚禁期间，塞尔维特曾要求审判时有自己的辩护人。得到的回答却是："像你这样的大骗子是不能有辩护人的。"行刑那天早晨，他又求见加尔文，想弄清这位自己也遭受过天主教（旧教）徒迫害，并对天主教会进行尖锐批评的新教首领对他能否多少表现出一些怜悯或宽容。但加尔文来到囚室，反而大发雷霆，骂他是"顽固的流氓"，"烧死你这该死的！"在刑场上，他提出最后一个要求：把火刑改为斩首，仍遭到拒绝。

于是，行刑者将塞尔维特绑到火刑柱上，把一个浸过硫黄的花环套在他的头颈上，花环的铁链上扣着一本他写的书，脚下也放着一些他写的书（这些是执法者找到的他的全部著作）。在塞尔维特的身下、脚边，堆放的不是一般火刑时所用的干柴，而是湿稻草和青树枝，使他连"不能求生，但求速死"的最后愿望也不能满足，反而尽量延长，加重他遭受最后折磨的时间。

于是，湿稻草和青树枝烧着了，浓重的烟雾和昏暗的闷火在塞尔维特身下升起，大火烧了一个又一个小时。

这次火刑，不仅吞噬了一个杰出的科学家的生命，而且使医学史上具有划时代意义的血液循环理论发现的时间推迟了半个多世纪。

在每一部世界医学史上，都写有塞尔维特这位医学科学伟大殉道者的光辉名字，记载着他在宗教迫害下度过的颠沛流离的生平和遭受火刑的悲壮的一幕。

塞尔维特出生于西班牙的土德拉城。早年在土鲁士学习神学。在那里他最早熟悉了《圣经》。20岁时，他离开了土鲁士，来到德国，并出版了自己的第一部著作《论三位一体说之谬误》。当时宗教改革运动方兴未艾，天主教徒和新教徒之间斗争得势不两立，不共戴天。但不论新、旧教派都信奉圣父、圣子、圣灵为一体的上帝的"三位一体"教义。塞尔维特却认为这种信条是不正确的，毫无意义的。这种空前的异端思想像一柄双刃剑，把新、旧两教派都伤害了。天主教徒认为他比新教徒教义更危险，新教徒也把他视为异端，迫不及待地与他划清界限。一年以后，他又写了一部进一步阐发自己观点的书（《"三位一体"教义问答》），激起了教会更加强烈的不满和围攻，并把他革出教门。

险恶的处境迫使他离开德国，隐姓埋名，漫游各地。然而塞尔维特并没有就此放弃自己的学术观点，而是用自己的观点进一步地研究神学问题。为了更好地理解上帝的灵性，必须先理解人的灵性；而为了理解人的灵性，就必须理解灵性所归附的躯体之结构和功能。因此，开始研究人体的解剖与生理功能。

1536年，他又一次来到巴黎，向好几位名医学医。因为教会禁止解剖尸体，他不得不用迂回的办法研究人体的结构。就在这一年，他开始行医并做私人医生。

1553年，塞尔维特在日内瓦出版了他花了10年心血写的一部神学著作：《基督教的复兴》，继续批判天主教的陈腐教义，宣扬自由思想和自由研究的原则。他还反对新生婴儿受洗礼的天主教仪式。他知道公开出版这部神学短文集是不可能的，就在日内瓦以极秘密的方式印刷出版，共印1000册，被运到里昂，分配到意大利、德国和瑞士各国。就在这部用拉丁文写的神学著作中，记载了他对肺循环（小循环）的科学认识。

虽然塞尔维特仍袭用了盖伦和亚里士多德的一些解剖生理学名词术语，但若把这些名词术语用现代解剖生理学的名词术语代替，我们就能从塞尔维特的著作中看到对肺循环（小循环）十分完美的描述。他写道：

"……血液是从右心室流到左心室去的。但是，从右心室向左心室的这种流动并非如一般人所相信的那样是通过心间隔实现的；这种灵活的血液从右心室流出后，靠着一种奇妙的机制，在肺内走了一段长长的路程。血液在肺内受到改造，颜色变成鲜红，从动脉样的静脉（肺动脉）流入静脉样的动脉（即肺静脉），与吸入气相混合，通过呼气，排出其中的烟尘，所以最后（与空气）完全混合，并于左心室舒张之时被吸入其中……"

在当时的16世纪，还有谁能用如此简洁的语言对肺循环作出比这更好的描述？在这里塞尔维特虽然仍使用了盖伦的"动脉样静脉"、"静脉样动脉"等陈旧的解剖学术语，应用"烟尘"之类比喻性而非科学性的词语，但却根本否定了盖伦所假定并长期为人们所相信的心室间隔上有沟通两室的"小孔"或"通道"存在。否定了盖伦认为血液经这些"小孔"或"通道"从右心室流向左心室的严重错误观点。还正确地认识到流出右心室的血液经肺动脉而流到肺。在肺内经过改造，颜色变成鲜红，再经肺静脉流入左心室——这就是肺循环，又称小循环。

不仅如此，塞尔维特还非常接近于认识体循环（或"大循环"）了。在盖伦的著作中，曾提到过动、静脉间的"吻合"，但他并无任何血液循环的概念。他所说的实际上是这样一个看法：

　　"在整个身体内动脉和静脉间互相吻合。它们通过某些不可见的狭窄通道而互相交流血液和精气。"

　　盖伦所说的是相互交流和往返运动；而循环一词指的却是沿着同一方向周而复始地运动。但塞尔维特却抓住了盖伦著作中的上述段落大胆地提出："生命精气"通过吻合而从动脉流向静脉。

　　这表明他已认识到动、静脉是连通的，而血液的流动是从动脉到静脉单向进行的。这个例子十分有趣地说明了，怎样从一个细节，例如一个暗示，一种牵强的类比和一个词的不寻常应用，而导致一项伟大的发现。这个例子也突出地表明了，一个科学家可以何等地接近于一项伟大的科学发现而终于没有抓住它！对于塞尔维特来说，是因为他被自己的神学理论占满了脑海，以致把科学的发现仅作为枝节问题而无意于研究。

　　尽管如此，这个肺循环的发现者也没能逃脱被迫害的命运，在哈维出生的25年前，熊熊的大火烧毁了这位伟大的科学先驱。人们在现藏于巴黎博物馆中唯一的塞尔维特的著作中，了解到他在血液循环理论方面的巨大贡献。

这样看来，维萨利、塞尔维特等人在在心血管方面的研究无疑是射向盖伦的两发"炮弹"，使盖伦的理论摇摇欲坠了；尽管他们都没能最终打倒盖伦，但先驱者的工作为哈维开辟了道路，哈维只需前进就是了，而哈维又是一个生性前进的人。

你真让我伤透了心

　　一天，当威廉·哈维回到家时，只见他的爱妻伊丽莎白·布朗正满脸泪痕地哭泣着。

　　"怎么回事啊，伊丽莎白？"哈维忙问。

　　"鹦鹉，我的鹦鹉！"伊丽莎白一边抽泣一边说，"我的鹦鹉今天死掉啦！……"伊丽莎白与她自己亲手饲养了多年的这只"会说话的"飞禽之间，已建立了深厚的感情。

　　"啊，那太可惜了，亲爱的。"哈维安慰了妻子几句。但是过了一会，他却转而急切地问："那只死鹦鹉在哪？拿来给我看看！"

这时，伊丽莎白发现，在她丈夫的眼神里已不再有一丝难受和惋惜，反而透射出兴奋和喜悦的光芒。这使她转悲为怒："威廉，你多叫人痛心啊！你对那只可怜的死鹦鹉没有一丝同情，反而感到高兴，你高兴你又多了一只可供你解剖的动物，你和你的那些尸体真是伤透了我的心呀，威廉！"

"但是，我解剖这些动物不是为了玩，我是为了研究医学呀！我正在尽力研究身体内部是如何活动的。增加这方面的知识，不但有助于我自己行医，也有助于所有的医生。"

"但你已经解剖了许多年头，到底得到了些什么对医学有用的东西呢？"伊丽莎白依然又悲又气地反问。

这时，哈维拿起一根他在医生进修学院讲课时使用的鲸鱼骨制的教鞭，像给伊丽莎白讲课似的说："我从解剖得到的收获之一是，我已弄明白了以往关于血液运行的学说是完全错误的。血液并不是像人们历来想象的那样，从心脏流出，通过静脉流走，血液在静脉内不能朝着离开心脏的方向流动，因此过去的看法是不对的。"他用手中的鲸鱼骨教鞭做个表示完全否定的动作。

伊丽莎白的怒气稍稍平息了些，但对哈维的话还是似懂非懂，她问："为什么历来的看法都是错的呢？为什么血液在静脉内不能朝着离开心脏的方向流动呢？"

哈维不愧是一名优秀的教师，具有以理服人的才能，他解释道："因为静脉内有许多瓣膜，这些瓣膜像一扇扇小门，能够关闭起来阻止血液朝离开心脏的方向流动。所有这些瓣膜都只能朝一个方向开放，使血液在静脉内只能流回心脏而不能朝离开心脏的方向流动，即使头部的静脉情况也是这样。因此，以往的看法是不正确的。"哈维所谓"以往的看法"，当然是指在当时仍被人们深信不疑的占统治地位的盖伦的看法，认为血液在动、静脉内都像潮汐涨落那样前后进退地流动着。

经过哈维这样一番解释，伊丽莎白才勉强同意了丈夫的意见，并把那只死鹦鹉交给了他去解剖。

为了研究心脏和血管的活动规律，哈维在长时间内解剖了许多种动物，总共120多种：其中多数是冷血动物，例如鳗、蛙、虾、蜗牛等，因为这些动物心跳很慢，便于观察。

他通过对这些冷血动物心脏和某些垂死的哺乳动物心脏的仔细观察，查明了心脏各部分并不是同时收缩的，而是心房收缩在前，心室收缩在后，心房和心室进行着有顺序的节律性的舒缩活动。哈维又用好几种鱼和蛇做实验，确定了血液进出心脏的流向和血液在心脏各部流动的途径。他在稍离心脏处将腔静脉结扎后，结扎部位与心脏之间的那段腔静脉和心脏本身立即变得空虚；在稍离心脏处解扎主动脉，结果与之相反，结扎部位与心脏之间的那段主动脉和心脏本身立即变得极度胀满，甚至近于被胀破的程度，并显深紫色；而当解除被腔静脉或主动脉的结扎后，则心脏的大小、色泽和搏动情况都很快恢复原状。这些实验有力地证明：血液是由静脉流回心脏，再由心脏射向主动脉的。根据这些实验结果和对心脏各部活动顺序的观察结果，就可以确定血液流动的途径是：由腔静脉流回心脏，由心房流向心室，再借着心室收缩而将血液射入主动脉。

此后，哈维通过广泛的实验观察，在塞尔维特的"肺循环理论"启发下，建立了肺循环的概念。即静脉血是怎样从右心室流到左心室的。前面提到盖伦错误地认为静脉血从右心室到左心室是经过心室中隔的小气孔。哈维在实验中发现盖伦认为的小气孔实际上是室中隔的许多陷窝。既然陷窝无法使静脉血通过，静脉血是怎样从右心室流到左心室去的呢？哈维用了一个人体实验揭开了这个谜底。

　　他把一个被绞死的犯人的尸体的肺动脉、肺静脉及主动脉结扎，在左心室上切一个小口，再用一根管子由上腔静脉进入右心室，然后把充满温水的牛膀胱系在这根管子上，再压迫膀胱，使水注入心脏。当右心室和右心房逐渐胀大时，都没有水在左心室出现。然后，他把已结扎的肺动脉和肺静脉松开，这时混有血液的水则急速流入左心室，并从左心室的切口处流出来。水量正好等于由牛膀胱压入右心室经肺而来的水量。通过这个实验，哈维宣称，可以让盖伦的诡辩结束了。因为他用无可辩驳的事实证明：右心室的静脉血是经肺部流入左心室的。至于血液流经肺脏中的途径，由于当时尚没有出现显微镜，不可能观察到肺组织中的动静脉之间的毛细血管网，所以哈维把这一毛细血管网看成是隐藏在肺脏中看不见的微细通道。

哈维发现了肺循环途径，他说："后来，我发现事实确是如此，血液因受左心室的收缩而逼迫流入动脉，由此传播全身；血液由于受右心室的逼迫，通过肝脏而经肺静脉，到达左心室。这个运动我们可以称之为循环。"

哈维意识到，如果血液的运动同盖伦想象的那样，即肝脏从食物中吸取营养而制造出血液来，然后在血管中流动，最后在组织中消耗殆尽；那么静脉中的血液很快被排空，而动脉管就会膨胀破裂。当然，发现肺循环的存在，还无法建立整个血液循环的理论。哈维认为，问题的焦点是回答：肝脏在短时间内能否造出如此大量的通过心脏排出的血液呢？

为了回答这个问题，哈维还进行了定量的估计和推算，他估计人的每一心室容血量约为2英两（约57克），每次心跳由每一心室排出的血量也大致是这么多；若以每分钟心跳72次（每小时为72×60=4320次）计算，那么，每小时由每个心室排出的血量可达4320×2（57克）=8640英两（248千克）。相当于一个普通人体重的3倍！心脏射出的那么多血液流到哪里去了呢？显然，体内的任何器官都不可能将它容纳下来而不被胀破。如此大量的血液又来自何处？显然，它不可能像盖伦所认为的那样由肝脏生成，因为任何人都不能吃得那么多。唯一合理的解释是：血液在循环运动着，流回心脏的和射出心脏的是同一部分血液。

为了进一步验证静脉瓣的作用，哈维特意找来一清瘦男子做了著名的绷带绑扎实验。

他用绷带将男子的手臂极度地绑扎（就像在做截肢手术时那样）后，手臂的色泽不变，也不肿胀，因为这时动、静脉血流都被阻断；若把绷带稍微放松一些，使得只有静脉血流被阻断而动脉血流不被阻断（就像在做静脉放血术时那样），则因动脉血继续流入手臂而静脉血却不能回到心脏，使绑扎处下方手臂肿胀、静脉突隆，而绑扎处上方的静脉却相反呈现塌陷状态；在将绷带完全放开后，则绷带上、下方原来塌陷和隆突的静脉又都立即复原。这一做法简单而效果明显的实验证明了全身各部动、静脉内的血液都沿着相反方向流动。此外，哈维还以绷带绑扎实验显示了在正常人体静脉瓣的位置，证明了静脉瓣的作用在于限制静脉血只能流回心脏而不能逆向流动。哈维就是这样综合运用了观察、实验、称量、计算和推理等多种实验手段，取得了血液循环的科学结论。这样，哈维终于揭开了血液运动之谜。

打倒偶像，另辟天地

  哈维弄清楚了血液循环的真相后，毫不迟疑地发表了对这个问题的见解，不但跟学生私自谈论，而且在公众面前发表演讲。1615年8月4日，哈维被选为皇家医学会伦姆雷讲座的主持人。从1616年，即莎士比亚去世之年起，他每年都到这里讲课。在第一次讲课时，他就向学生和同行们公开发表血液循环的研究新成果。讲稿至今还保留在皇家医学会里。哈维公开对教会神学宣战，向统治1400多年之久的盖伦（哈维在大学时心目中崇拜的偶像）的学说公开提出挑战。

正如哈维自己所说的那样，这些新的见解发表后，有的人很喜欢听；有的人觉得不过如此；有些人则以胆敢违背全体解剖学者的信条为罪名，对他进行指责和诽谤；还有许多人则渴望对血液循环得到进一步的解释，认为这些新发现值得思考，或许有巨大的价值。哈维根据朋友们的请求，决定把自己的研究成果写成书。一方面可以让科学家参与他的工作，证明他的发现是否正确；另一方面，可以用事实说服那些抱有嫉妒、持反对态度和那些对血液循环理论似懂非懂的人。

　　哈维意识到，要发表一篇与教会神学思想相悖的著作并非轻而易举，要说服人们接受血液循环的观点，必须以无可反驳的事实为依据，论证问题必须具有严密的逻辑性。为此，他一面著书立说，一面又进行科学实验，解剖各种动物，不断地检验和补充血液循环理论。

　　在封建制度仍然处于统治地位的英国，在教会仍然控制意识形态领域的时代，要想发表一篇真正的科学著作是十分不易的。意大利天文学家布鲁诺继承发展了哥白尼的"日心地动"学说，被天主教视为异端邪说，于1600年被罗马教皇处以火刑。伽利略为证明太阳中心说，遭到封建势力的迫害，受到罗马宗教裁判所的审判，并被软禁。年轻的维萨利和塞尔维特在向盖伦开了挑战之后，分别被驱逐出国界和焚烧处死。但为了宣传真理，哈维对宗教神权毫不畏惧，冒着生命危险，将血液循环的研究成果整理成书，准备出版。

哈维关于血液循环方面的研究成果，在欧洲引起很大震动，他的新见解日益深入人心。当普鲁士出版商费采尔知道哈维已将血液循环研究论文写成书后，就给他写了一封信。1628年的一天，哈维收到费采尔的信。信中说，为了不要失去一个让全欧洲都知道您的思想的机会，我决定支付出版尊著的一切费用。看完这封信，哈维喜出望外，兴奋异常。他把早已准备好的手稿作了认真修改后，亲自寄去了。

1628年，一部在医学史上具有划时代意义的著作，《血液循环论》发表了。全书共分17章，结构严谨，论证缜密，行文简洁，朴实无华地说明了心脏的结构和功能以及血液循环运动的规律。在序言里，哈维着重评价了盖伦、法布里修斯等学说，以科学的方法论为指导，以自己的实验观察结果批驳了有关心脏、动脉、静脉和血液流动的错误观点，阐明了自己的血液循环论。

哈维在他的著作中简要概括了自己的学术思想："一切推理和实证都表明血液是由于心脏的博动而穿过肺脏和心脏的，由心脏送到动脉，分布到全身和肌肉细孔；然后，通过静脉由外周各方面流向中心，由较小的静脉流向较大的静脉，最后流入右心房。动物的血液是被压入循环而且不断流动着的……"

如同哥白尼学说否定托勒密学说是一场伟大的科学革命一样，血液循环理论否定盖伦学说也具有伟大的科学革命意义，这一理论把近代医学、解剖学和生理学引向科学的轨道。同时，《血液循环论》的成就还超出了生理范畴，它从根本上动摇了神创论的宇宙观。

这一打倒偶像另辟天地的举动，遭到来自各方面保守势力的围攻，其实这也是哈维预料之中的。早在哈维之前，一些人曾试图推翻盖伦的理论，但都遭到了致命的迫害。维萨利还没有讲到这一步，便被赶走了；塞尔维特还没有讲到这步，就被火烧死了。哈维比这些人的观点都要进步，能逃脱那种命运吗？尽管哈维比较慎重，从血液循环的发现到血液循环理论的发表，迟延了

12年之久；甚至在正式发表之时，哈维还要想方设法地尽可能地以保守和陈旧的语言，来掩饰自己闪耀着强烈科学光芒的思想，似乎他的发现不但丝毫没有触犯亚里士多德和盖伦等古代伟人的权威，而仅是他们早已作出的论断的复述和阐发。但尽管如此，哈维仍然受到许多人的反对和攻击。

当时，巴黎医学院院长里奥伦带头反对哈维的血液循环论。里奥伦因精通解剖学而享有盛名。他认为，哈维的血液循环论与盖伦的传统观点不符。里奥伦提出了一个不可思议的论点。他说，人们不应该认为盖伦有错误，即使解剖的结果和盖伦所说不同，也要认为盖伦在当时是正确的，只是自然界在他以后发生了改变。1649年，哈维发表文章，回答了里奥伦的异议。另一个保守的医生帕丁认为，哈维的理论自相矛盾，毫无用处，违背事实，是荒谬可笑和极其有害的。

著名的爱丁堡大学教授普利姆罗斯，只用了14天就写出一本书。他在书中嘲笑哈维的血液循环理论是无稽之谈，并讥讽说，以前的医生不知道血液循环，但也会看病。

　　威尼斯学者巴里撒纳是反对血液循环论的代表人物，他在与哈维辩论中说什么肺静脉里流的是空气，而不是血液。哈维用解剖学常识反驳说，为什么肺动脉和肺静脉的结构像血管而不像气管呢？巴里撒纳辩解说，事物就是这样的，因为"造物主"要它这样。

　　1636年，哈维奉王室之命赴纽伦堡，特地拜访了反对他的医生霍夫曼。哈维邀请他看解剖示范表演，竭力想说服他接受自己的新理论，但没有成功。哈维的演说已使在场的大多数听众信服，只有霍夫曼仍然不接受血液循环的学说。

　　由于来自各方面的责难诽谤，来找哈维看病的人少了，医疗业务一天比一天清淡了，人们甚至认为哈维是个精神失常的医生；还有人讥讽他为"循环的人"，这个词在拉丁语中是个贬义词，指的是那些在大街上卖药的小贩，以此把哈维贬低成"江湖医生"。

　　血液循环理论超越英伦三岛，在欧洲引起强烈反响，像任何新生事物一样，当它刚刚出现的时候，总会有保守势力出来加以否定，甚至拼命扼杀。同时也会有人站出来支持。法国著名哲学家笛卡儿对哈维的新发现表现了极大的兴趣和关注。笛卡儿赞同血液循环的观点，但反对把循环的动力归于心脏的收缩运动。笛卡儿是机械唯物论者，认为机器要凭借外力才能运转，人们也像机器一样，但他找不到人体的外力，于是就求助于上帝和灵魂的观念。这就是影响欧洲甚深的二元论哲学的表现。

血液循环论在一些年轻科学家和解剖学家中仍可得到支持，他们应用实验手段来亲自观察，证明血液循环的正确性。1661年，意大利的解剖学家马塞罗、马尔比基应用显微镜看到青蛙肺里的毛细血管网。1686年，列文虎克用他自制的显微镜观察到蝌蚪的尾巴，他惊喜地看到血液像小河流般迂回流往各处。他说："所谓动脉和静脉实际上是连在一起的，这就是毛细血管。"哈维关于动静脉的连接处存在着血管交织网的假说，也就是动静脉交通的毛细血管网，已被后来的科学家应用显微镜观察证明了。

《血液循环论》发表将近30年后，在哈维逝世前，他的理论已经为医学界普遍承认。1653年，他用拉丁文写成的划时代的生理学巨著《血液循环论》被译成英文在伦敦出版。哈维的学说影响非常广泛，甚至在莫里哀的剧本和法国诗人布阿罗的作品中，都出现了反对血液循环的保守者形象。哈维的发现推翻了盖伦学说的统治，解脱了宗教神权对医学解剖学的束缚，为近代医学、特别是解剖学和生理学的研究开拓了新的实验方法，提供了新的理论基础。

跳动在鸡蛋中的心脏

　　哈维在完成血液循环的伟大发现后，在晚年把主要精力放在对动物生殖方面的研究上，试图解开又一个生命之谜。1651年，他发表了《论动物的生殖》，这与《血液循环论》是相互联系的，各自突出了心脏在动物生命中重要地位的不同侧面。但是，《论动物的生殖》要比《血液循环论》简单得多。

　　哈维在动物生殖方面的研究成果仍然是继承和发展了亚里士多德的理论。亚里士多德之所以伟大，是因为他包罗万象地搜集了前人的知识，同时把自己观察的实验材料，从哲学的角度来解释生命现象。他在许多方面都超过他的前辈们。在他的所有生物学论文中，有关生殖遗传的论文被世人认为是最重要的，其影响持续到19世纪。

在亚里士多德以前，希波克拉底是研究生殖方面仅有的一位权威。他认为，生命起源于湿气和火的作用，而胚胎则来源于母体的宫血凝块。雄性的精子来源于身体的各部分。亚里士多德怀疑这种说法，因为有的孩子不仅在体格上、相貌上与其父相似，而且说话的声音和语调也很像其父。这些特征不可能来源于身体各部位的精子。因此，亚里士多德认为精子是构成新个体的基础，而经血则是形成新个体的物质材料。精子的作用就像凝结牛奶的凝乳酶，它使经血形成一个凝块，由此发育成胚胎。

哈维对亚里士多德在遗传方面的观点是终生仰慕的，但不盲从。他决心搞好生殖遗传方面的研究，力争在前人的研究基础上，把生殖遗传研究向前推进一步。

哈维对母鸡的子宫和卵巢进行了研究。他做了大量的鸡腹腔内解剖，悉心观察鸡卵巢里像葡萄串似的卵黄囊（即蛋黄），从而描述了鸡蛋的形成过程。哈维还用鱼、蛙及甲壳动物等做了对照观察，都有卵产生。此后，他又想找到哺乳动物鹿的卵，但它很小，不能用肉眼察觉，在他那个没有发明显微镜的时代是不可能发现的。

哈维对鸡蛋为什么能孵出小鸡很感兴趣。经过一番观察后，他认为一定是雄鸡射入精液才使母鸡体内鸡蛋受精，孵出小鸡来。为了证明这个设想，他做了一个实验，让公鸡与母鸡交配后分离。结果，他发现：交配后母鸡生下的受精卵才能孵出小鸡，相反，就不能孵出小鸡。

哈维对鸡胚胎的形成做了深入的观察，了解鸡蛋内小鸡发育的全过程。他用20个鸡蛋，分别由2至3只母鸡来孵化，每天取出其中一个破壳检查。头一天没有什么变化，第二天，蛋黄上有个如豌豆大的白斑。第三天，那个白斑有人的眼角膜那么大。第四天见到蛋中有血的颜色，用放大镜能清楚地看到有一个跳动的血色点，像动物一样活动。第四天晚些时候，便可看到收缩和舒张的活动。哈维认为心脏的形成就是从这里开始的。第五天，哈维就看到鸡胚的轮廓，眼、脑整个胚胎像一个蛆。哈维解剖了很多种动物，观察了它们胚胎发育的过程，进行比较后发现，所有动物的胚胎形态都大同小异。如狗、马、鹿、蛇，甚至人类本身，在胚胎形态上都很像一条蛆。第六天，鸡蛋中有脑血管出现，所有脏器中，心脏最先形成，其次是肺，然后是肝。至第七天，整个小鸡的形态已清晰可见。此后，心脏及其他脏器都包含在体腔中，而且开始出现羽毛。

后来，哈维把注意力放在观察哺乳动物的胚胎发育过程上。他说，这个过程大体上与鸡胚在蛋里的发育过程是相似的。哈维拿鹿作为哺乳动物的例子。他观察的鹿是由当时英国皇家公园免费提供的。

首先，哈维对鹿的生殖器官进行了局部解剖观察，特别注意了子宫的内外结构，把人、山羊、鹿等哺乳动物的生殖器官形态结构进行比较，注意到受孕子宫血液供应非常丰富。

鹿是每年9月份开始交配的。他对交配后的母鹿子宫进行解剖观察后说，母鹿交配后子宫内什么也没有看见，既没有精子，也没有孕育胚胎（那时没有显微镜，当然不可能看见什么变化）。11月份，即交尾后的第六周，哈维发现母鹿子宫壁肥厚并增大。这是他第一个看见的现象。后来，他又用其他动物做观察，如狗、家兔等，在交配后的最初几天内雌性动物的宫腔内也没有发现什么早期受孕现象。

哈维坚持继续观察鹿的情况。第八周，鹿宫腔内有一个像长梨形的水囊，粘在子宫壁上。至第三个月，水囊如鹅蛋大。第四个月，孕鹿子宫内的胚胎及其内脏各部分均能看见。

哈维也观察了羊胚的发育，在受孕的头一个月里，很难看出有什么不同。他这样描写受孕50天左右的哺乳动物胚胎：孕卵就像鸡蛋大小，脑部最大，面部就像一个狗鼻子。哈维在广泛观察动物胚胎发育与鸡胚发育的过程中惊奇地发现，早期胚胎在形态上是相似的。他认为，所有动物的胚胎发育过程中，都要经历动物界共同的发育阶段。换句话说，就是个体发育到重复发育的过程。

哈维观察胚胎发育正如他观察心脏和血液的运动那样，是以动态解剖方法观察胚胎发育过程。他在做了大量的各类动物的胚胎解剖学研究观察后，得出一个推论，认为卵是独立的生命个体，而一个受精的卵则具有动物的生命之本。虽然哈维没有见到过雄性动物的精子，但他认为雌雄动物交配后，一定是雄性动物射入的精液对卵施加了某种影响。这与亚里士多德的观察结果是相似的，但哈维注意到雌性动物不需与雄性交配也能产生卵，而未经交配产生的卵就不能形成新的个体。

1651年，哈维出版了《论动物的生殖》，这是他另一本重要的科学著作。通过对鸡蛋孵化过程中鸡胚胎发育的观察，以及哺乳动物胚胎发育的动态解剖学研究，哈维得出另一个重要的结论，卵是一切动物生命的共同起源，换句话说，各种动物皆来自卵。在此以前，人们都相信亚里士多德的说法，哺乳类的胎生动物都是雄性的精子与雌性者的血液在子宫里混合而形成胚胎的。尽管哈维当时所称的卵，还不是19世纪初发现的那种真正的卵子，但这部著作无疑为胚胎学的发展做出了巨大贡献。在这本著作中，哈维还进一步论证了血液循环的观点。他又一次重申，心脏实际上是一个唧筒，把血液压入动脉，由此引起脉搏跳动。全身的血液由于心脏之类似唧筒的作用而通过血管系统进行循环。哈维的这一阐述对他20多年前提出的血液循环论作了新的生动形象的论证。

哈维在血液循环方面的发现被视为生理学划时代的变革。他在胚胎方面的研究也被认为是这门学科的重要发展。这不仅因为他首先研究了机体的一种最重要的功能，具体研究了胚胎发育的全部过程，而且主要是他在科学研究和实验中采用被称为活体解剖和实际观察的研究方法。只有这种方法才使生理学成为科学，才使医学建立在坚实可靠的基础上。所以，人们把哈维称为现代生理学的奠基人。

老老实实的医学家

　　哈维是一位老实实的医学家。从17世纪20年代至30年代，他曾多次随国王或政府官员出访欧洲各国。出访期间，不管到哪里，他都抓紧时间研究医学问题，利用一切机会进行解剖生理实验观察。一次哈维陪同国王参加加冕典礼，典礼盛况空前。但哈维无心观看热闹非凡的盛典，而是沉浸在动物生殖的问题研究中，思索着鸡蛋是怎样孵出小鸡来的。在当御医期间，他常向人们宣传自己的新发现，以及竭力说服人们接受血液循环论。哈维作为国王的御医在皇宫里度过了很长时间。在宫廷，他除了日常医疗工作外，几乎每天进行解剖实验。国王查理一世对哈维进行的观察研究很感兴趣，给予莫大的支持，并同他一道进行观察。

有一次，国王命令哈维解剖一具长寿老人的尸体，试图了解长寿的秘密。这位老人是贫困的乡下人，死于1635年11月4日，活了152岁零9个月，历经了9个国君。这位老人是一位伯爵发现的，将他从乡下带到伦敦。老人在旅途中和在皇宫里受到很好的接待和照顾，可不久便死了。在解剖老人的尸体时，哈维和参加解剖的9位医生都没有发现他内脏器官的结构和正常人有什么区别，未能找到老人长寿的真实原因。

哈维对待科学问题非常认真仔细。亚里士多德认为心脏具有感觉意识，而哈维在解剖动物中发现，亚里士多德的这一观点是错误的。有一次，一位青年人胸部受伤，左侧肋间隙有一个裂口，可以看到心脏的搏动。哈维应国王查理一世的要求去诊察这位受伤青年。有心的哈维，觉得这是一个学习的好机会。在治疗前，他做了一个小试验。哈维在做了外科常规准备后，轻轻地插进了3个手指和拇指，立即感到青年人的心脏在跳动，同时他又摸他的脉搏，证实了自己的手指摸着的是跳动的心脏，但青年人并不知道哈维的手触及了自己的心脏。哈维立即带受伤的青年去见国王，并当场给国王做了表明心脏没有知觉的表演。这一发现推翻了2000多年来亚里士多德关于心脏有知觉意识的错误观点。

　　1640年，英国爆发资产阶级革命，国王离开伦敦，跑到封建势力较强的西部和北部去集结反革命力量。1642年8月，查理一世为了镇压革命，宣布"讨伐国会"，挑起了内战。在战争环境下，哈维仍然坚持研究医学，制作各种各样的解剖标本。据记载，在一次皇家军队与以克伦威尔为首的议会军队在边关激战之际，国王把自己两个未成年的儿子托付给哈维照顾，其中大儿子查理当时12岁，18年后成了查理二世国王，小儿子詹姆士当时9岁，即后来的詹姆士二世国王。在炮火近在咫尺之际，哈维还在灌木丛中读故事给两个王子听；直到一粒子弹在离哈维才1米的地面上炸响，哈维才把两位王子转移到较为安全的地方。这个故事不但显示了哈维与国王关系之亲密，也反映了作为科学家的哈维性格的一种特殊的镇静。

当保皇党人被击败，国会接管政权以后，查理被送上断头台。此时，哈维没有随同国王的同僚流亡国外，而是退休了。他认为国王是一国之君主，好比人的心脏。他固执地拒绝为没有国王的新政府服务。哈维回到伦敦，同他的几个弟弟一起住在离伦敦不远的乡村。战争期间，他在伦敦的房子遭到袭击，许多手稿和收藏物都被焚烧。1650年圣诞节，他的好友恩特来拜访他，并把他保留的一部分书稿带走，这就是后来由帕勒因在伦敦圣保罗教堂展出的名叫《论动物的生殖》那部著作。

1651年7月4日，哈维通过皇家医学会会长普鲁介安博士秘密捐款，为医学会修建了一座图书馆，但这个秘密很快就传播开来。1652年2月22日图书馆竣工，移交学会使用。同年9月30日，哈维被选为医学会主席。12月22日，医学会决定，要在学会大院内修建一座威廉·哈维的雕像，表彰哈维在医学上的光辉业绩。1656年，哈维由于健康原因辞去了主席职务，并向同事们告别。

哈维患了一种痛风症，为了减轻疾病的折磨，他经常把两只脚放在水里。在恩爱的妻子去世后，他的晚年很寂寞，促使他的健康状况更加恶化。1657年哈维因患中风病倒了，6月3日去世。同事们满怀着悲痛和敬仰的心情送别这位奋斗了一生的伟大医学家和生理学奠基人，把他安葬在埃塞克斯郡汉普斯泰德墓地。

哈维没有子嗣。根据他的遗嘱，大部分家产捐献给医学会图书馆。这个学会至今还每年为哈维举行一次纪念活动。其余的遗产分给了亲戚朋友。当然，他还有一笔不可分割的遗产——《血液循环论》，这是他留给人类的无价之宝。

哈维的棺椁是用铅皮包着的，存放在汉普斯泰德的一所圆顶房子里，共达226年之久。1883年10月18日，在皇家学会会长詹尼尔爵士主持下，医学会的委员们把哈维的棺木放入刚刚做成的白色大理石石棺中；里面的铅棺上刻着："威廉·哈维博士，1657年6月3日逝世，享年79岁。"

在威廉·哈维的墓碑上，用拉丁文镌刻着：

"整个学术界都对威廉·哈维的受人尊重的名字表示敬意。他是数千年来第一个发现血液每时每刻运动规律的科学家。他给世界以健康，他给自己以英名；他是把动物的起源和产生从伪哲学中解放出来的唯一的一个人。人类得以获取知识应该归功于他，医学得以生存和发展也应归功于他。……他是伦敦皇家医学会一位勤奋的、享有盛名的解剖学和外科学教授。他为皇家医学会建造了一座闻名于世的图书馆。他把此馆捐赠给了医学会，并用自己的遗产不断充实它……"

对于哈维在医学发展方面的影响的最出色的评价莫过于威廉·奥斯勒1906年在伦敦皇家医学会哈维纪念会上作的演讲。他说：

"哈维的学说标志着医学与旧传统的决裂；人们不再满足于小心翼翼地观察和精确无误地描述；人们也不再满足于精心编造的理论和梦想，有史以来人们第一次以现代科学意识用实验的方法研究重大的生理问题……他的一本72页的小册子将世界列入了实验医学的时代。"

近年来，美国有的学者将哈维的《血液循环论》与哥白尼的《日心地动学说》、牛顿的《数学原理》、爱因斯坦的《相对论》等专著列为影响世界历史进程的著作，充分说明哈维对人类医学科学发展作出的巨大贡献。

世界五千年科技故事丛书